孫過庭書譜白話對譯

The Vernacular Chinese Translation of Sun Guoting's
A Narrative on Calligraphy

潘國鍵著
BA, DipEd, MA, MPhil, MEd, PhD

附 書譜白話錯譯舉隅

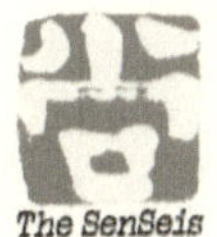

The SenSeis

First Edition
Jan 2019

Published by
The SenSeis 尚尚齋
Toronto
Canada
www.thesenseis.com
publishing@thesenseis.com

ISBN 978-1-7753566-2-2

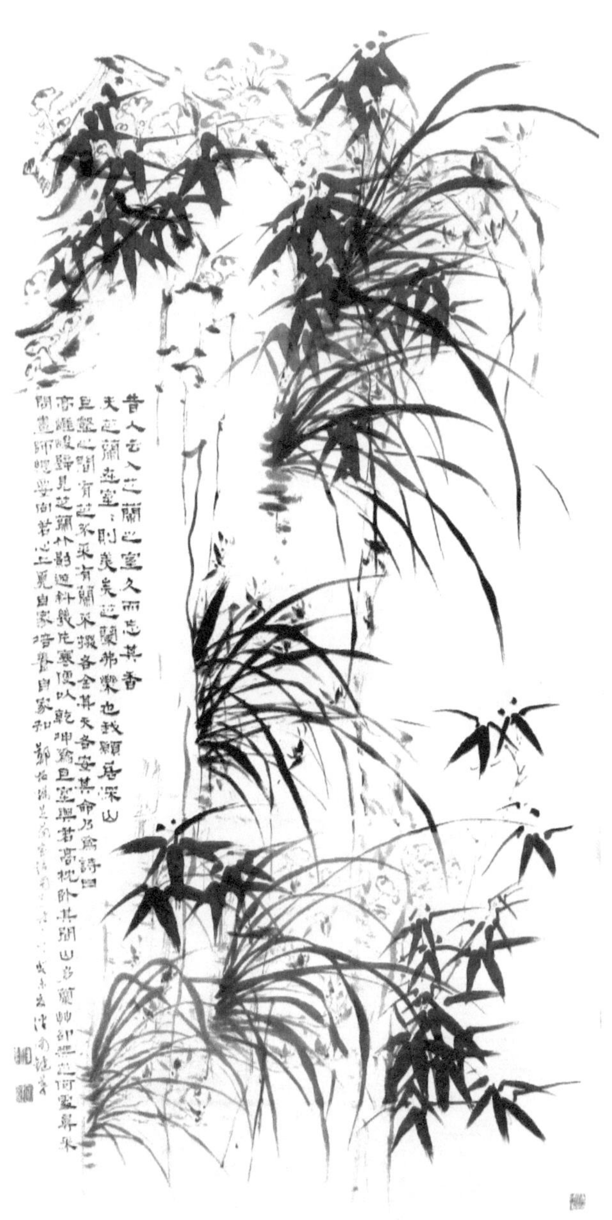

潘國鍵擬鄭板橋芝蘭室銘圖　水墨紙本
138x69cm 2003年癸未

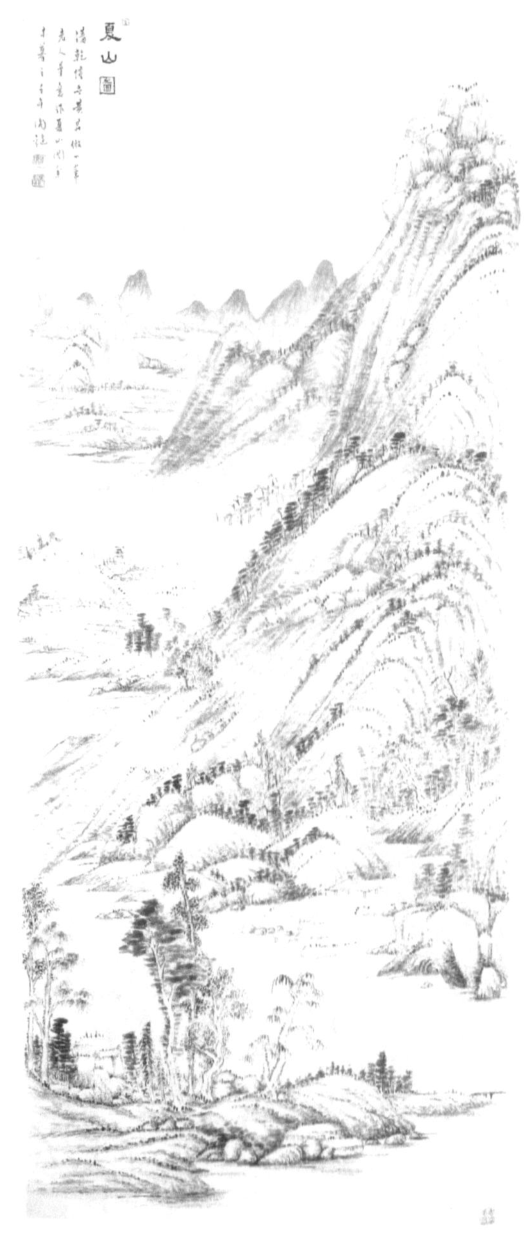

潘國鏈擬古夏山圖　水墨紙本
131x53cm　2002年壬午

孫過庭書譜白話對譯
潘國鍵著

目錄

附錄

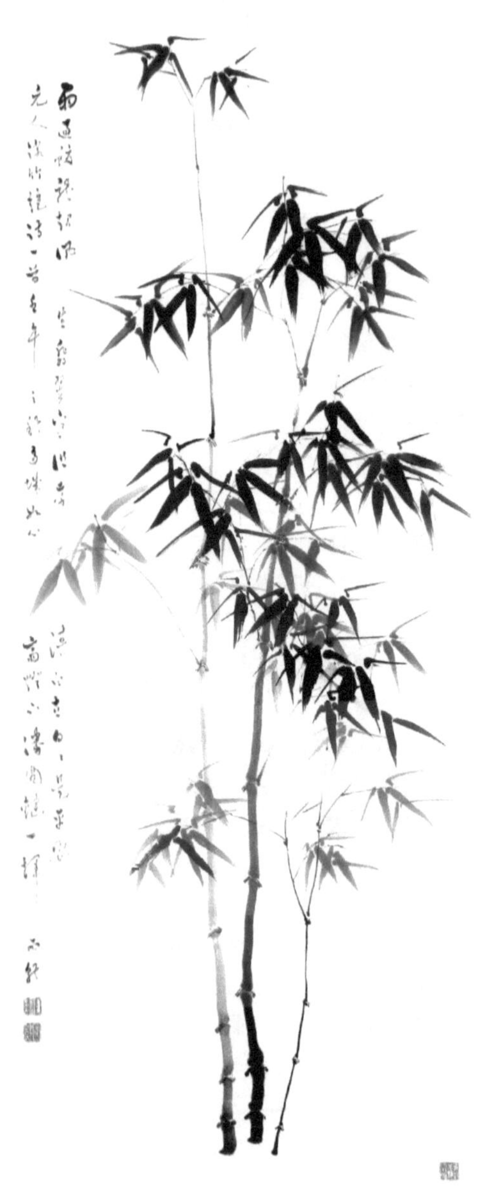

潘國鍵墨竹圖　水墨紙本
137x57cm　2002年壬午

前言

　　公元七世紀唐代初期孫過庭(虔禮，生卒年不詳) 寫的《書譜》，是中國書道史最早一篇較完整和較有系統的書道論述著作。尤重要者，此篇不單論書，且亦反映中國大唐盛世兼容並蓄儒家道家兩相融的精神面貌。篇中所言「立身揚名，事資尊顯」(第25條)、「君子立身，務修其本」(第55條) 、「 行藏之趣 」 (第59條)、「燥濕殊節」(第102條)、「五十知命，七十從心」(第200條)、「時然後言」(第203條)、「語過其分，實累樞機」(第263條)，俱出儒學。然其後援引《易經》「觀乎天文」(第242條)、「近取諸身」(第243條)，復於篇末以莊子「朝菌蟪蛄」 (第279條)、老子「下士聞道」(第280條) 綜其論，則浸浸然入於道家思想矣。況過庭所論習書終極之道，無乃回歸我之真本性與天道自然，正亦漢唐儒學糅雜老莊思想之另一明證也。是則於研究唐代思想文化而言，《書譜》又豈可不讀？

　　然而，《書譜》文字艱深，相當難讀。是以誤讀錯解，尤其普遍。國鍵不才，敢獻所知，逐句對譯之為白話文。並將內文分作二十段，冠以小標題。但願有助解讀。至於條目，則全依國鍵與兒子君尚(KS Vincent POON) 合譯之《英譯書譜》(《A Narrative on Calligraphy by Sun Guoting》。Toronto: The SenSeis 尚尚齋, 2018)，亦所以方便對照檢讀也。註釋方面，由於《英譯書譜》頗已詳盡，本書也就稍從簡約了。

　　過庭謂「體老壯之異時，百齡俄頃」。國鍵年屆七十，餘目近盲。研書之道，殆亦止於此乎？

西曆二千十九年元月戊戌之暮眇人潘國鍵識於多倫多如心齋。物是人非事事休。

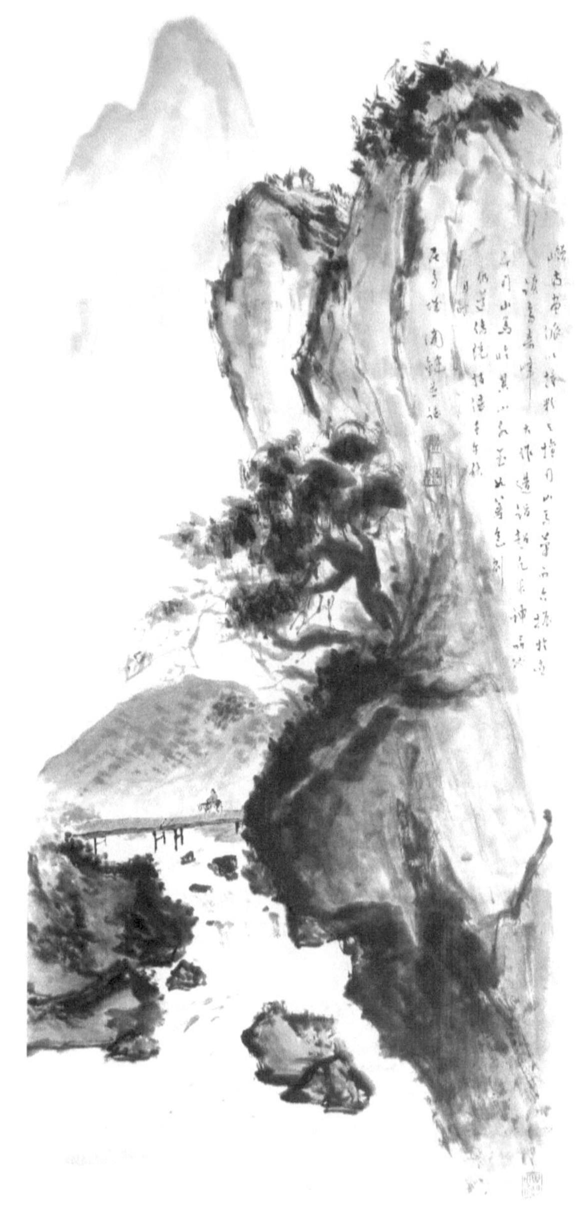

潘國鍵擬高奇峰山水圖　　水墨設色紙本
90x39cm　　2002年壬午

孫過庭書譜白話對譯
潘國鍵著

第一段: 論漢晉書家四賢與書道之文質

1. 夫自古之善書者, 漢魏有鍾張之絕, 晉末稱二王之妙。
自古以來善於書道的人 , 漢魏有鍾繇、張芝的妙絕 , 晉代末年則王羲之、王獻之二者以神妙而稱著 。

2. 王羲之云:「頃尋諸名書, 鍾張信為絕倫, 其餘不足觀。」
王羲之說:「我近來探究各名家書迹 , 鍾、張相信已是絕無可比 , 其餘的全不足以觀賞 。」

3. 可謂鍾張云沒, 而羲獻繼之。
可以說是鍾、張死後 , 而羲之、獻之繼承了他們 。

4. 又云:「吾書比之鍾張, 鍾當抗行, 或謂過之。張草猶當鴈行, 然張精熟, 池水盡墨, 假令寡人耽之若此, 未必謝之。」
(羲之)又說:「 我的書法若和鍾、張相比 , 與鍾繇當是不相上下 , 甚或可說已超過了他 。比之張芝草書 , 則仍是同一水平行列。當然 , 張芝精通熟習 , 至於池水皆墨 , 假若我也能如此愛好書法 , 倒未必會遜色於他。」

5. 此乃推張邁鍾之意也。
這是(羲之)推崇張芝 , 說自己已超越鍾繇的意思了 。

6. 考其專擅, 雖未果於前規; 摭以兼通, 故無慚於即事。
考究羲之所精專擅長 , 雖未必勝於前人法度 , 卻能取而兼融貫通。故此 , 在眼前(與鍾張比較)這回事上 , 他是毫不遜色的。(1)

7. 評者云:「彼之四賢, 古今特絕。而今不逮古, 古質而今妍。」
評論的人說 :「鍾張二王這書法上的四賢 , 古往今來 , 特其妙絕 。 然而 , 今時不及古時;古時相對質樸 , 今時相對妍麗。」

8. 夫質以代興, 妍因俗易。
質樸以時代而流行 , 妍麗因時俗而改變 。

9. 雖書契之作, 適以記言。
雖則文字創造， 是迎合記錄語言。

10. 而淳醨一遷, 質文三變。
然而，當樸厚(淳)或浮薄(醨)的風尚一旦移易， 書法上之或質樸或文妍，同會因之有着很多的改變和變化。

11. 馳騖沿革, 物理常然。貴能古不乖時, 今不同弊。
沿襲和變革總如車馬的快速奔馳 ， 這是事物當然不變的道理。最重要的是，既能古樸而不違背時代潮流， 又能迎合今妍卻又不會同樣犯上(華而不實的)弊病。

12. 所謂「文質彬彬, 然後君子」。
此所謂「文質配合恰宜, 才是君子」。(2)

13. 何必易雕宮於穴處, 反玉輅於椎輪者乎!?
何必換掉華麗的宮殿 ， 而改以洞穴作居所; 反對坐珠玉華美的車子 ， 而改乘無輻輪子的原始木車呢!?

14. 又云:「子敬之不及逸少, 猶逸少之不及鍾張。」
(論者)又說:「子敬(獻之)的不及逸少(羲之), 猶如逸少的不及鍾(繇)、張(芝)。」

15. 意者以為評得其綱紀, 而未詳其始卒也。
私意認為，這僅能評得其中的綱要 ， 卻沒曾審視這事情的整體始末。

16. 且元常專工於繇書, 百(白也，即伯)英尤精於草體;
況且鍾元常(繇) 精專於繇書(今隸，即真書) ，而張伯英(芝) 更精於草體;

17. 彼之二美, 而逸少兼之: 擬草則餘眞, 比眞則長草。
他們(這真書草書)的兩種妙美 ， 而王逸少(羲之) 亦兼而有之: 較之張芝草書，逸少的真書比張芝好得多; 較之鍾繇真書，逸少的草書比鍾繇更為擅長。

18. 雖專工小劣，而博涉多優。摠其終始，匪無乖互。
(逸少) 雖於專精方面稍差，卻勝在博廣而多所擅長。總括始末(整體而言)，此論(逸少不及鍾張) 不無差錯。

19. 謝安素善尺牘，而輕子敬之書。
謝安素來善寫尺牘(尺牘)，而看輕子敬(獻之) 的書法。

20. 子敬嘗作佳書與之，謂必存錄。
子敬曾經寫了一箋尺牘佳作送給謝安，滿以為他會好好收藏保存。

21. 安輒題後答之，甚以為恨。
豈知謝安即時在箋上題字回答後送還給他，子敬因此甚為痛恨。

22. 安嘗問敬：「卿書何如右軍？」答云：「故當勝。」
謝安亦曾問子敬說:「你的書法可比得上右軍(羲之)麼？」子敬答道:「本該比他優勝。」

23. 安云：「物論殊不爾。」子敬又答：「時人那得知！」
謝安說:「外界的說法可絕非如此呀。」子敬又答道:「時下的人怎會知曉呢!」

24. 敬雖權以此辭折安所鑒，自稱勝父，不亦過乎？！
子敬雖權且以此言來折服謝安所察見，然而，自稱優勝過自己的父親，這不是品德上的過錯麼?!

25. 且立身揚名，事資尊顯。
況且立身社會、揚名於世,這事須仗賴自己尊崇和顯揚自己的父母。

26. 勝母之里，曾參不入。
因此，以「勝母」為名的里閭，曾參必不進入。

27. 以子敬之豪翰，紹右軍之筆札，雖復粗傳楷則，實恐未克箕裘。
再者，若以子敬筆法來承續右軍(羲之)的書法，雖還算稍能承傳右軍書法的法則，實則恐怕仍未足以繼承父親右軍的書藝事業哩。

28. 況乃假託神仙，恥崇家範，以斯成學，孰愈面墻？！

何況他把自己的書法偽託成來自神仙，又恥於尊崇自己的家教典範，以此成就書學，可勝得過對墻學習以致於了無睹見麼?!

29. 後羲之往都，臨行題壁。子敬密拭除之，輒書易其處，私為不惡。

其後羲之前赴京城，臨行時在墻壁題字。子敬卻默默地抹掉它，並擅自在原處改寫，自以為寫得很不錯。

30. 羲之還見，乃歎曰：「吾去時真大醉也！」敬乃內慙。

羲之歸來看見，就歎息地說: 「我離家時確真大醉了!」子敬然後內感慚愧。

31. 是知逸少之比鍾張，則專博斯別；子敬之不及逸少，無或疑焉。

是知逸少(羲之) 與鍾、張相比，則祇是精專和博廣的差別; 而子敬的不及於逸少，卻是無可置疑的了。

第二段: 粗論筆法及其神髓

32. 余志學之年，留心翰墨。

我十五歲立志於學的時候，已經留心書道了。

33. 味鍾張之餘烈，挹羲獻之前規，極慮專精，時逾二紀。

我細研了鍾、張遺留下來的書迹，也掌握了羲之獻之前人的法規，竭盡思慮，專心一志，已逾二十四年多了。

34. 有乖入木之術，無間臨池之志。

雖仍有違書道之路，但我學習書道的志向，是從沒間斷過的。

35. 觀夫懸針垂露之異，

看看筆法上那「懸針」和「垂露」的不同，

36. 奔雷墜石之奇，

那迅雷墜石的奇異，

37. 鴻飛獸駭之資，
那鴻鳥任飛、走獸駭奔的恣縱(3)，

38. 鸞舞蛇驚之態，
那鸞鳳起舞，鱗蛇驚竄的妙態，

39. 絕岸頹峰之勢，
那斷岸斜峰的奇勢，

40. 臨危據槁之形。
那面臨危殆處於槁死的形貌。

41. 或重若崩雲，或輕如蟬翼。
筆畫或重如厚雲崩裂，或輕如薄薄的蟬翼。

42. 導之則泉注，頓之則山安。
「導」運筆鋒，則流暢有如泉水的傾注；「頓」按筆鋒，則又安穩
有如屹立的山嶽。

43. 纖纖乎似初月之出天崖，落落乎猶眾星之列河漢。
纖細地仿似在天邊初出的新月，疏落地猶如在天河散列的眾星。

44. 同自然之妙有，非力運之能成。
這全來自自然原有的美妙，絕非僅人力運轉所能得成。

45. 信可謂智巧兼優，心手雙暢。
確可說是智慧與技巧兩相協調(4)，心之和手雙雙達暢。

46. 翰不虛動，下必有由。
筆不會白白無故揮動，下筆總必有它的原由。

47. 一畫之間，變起伏於峯秒；
一畫之中，筆鋒有着起伏的變化；

48. 一點之內，殊衄挫於毫芒。
一點裡面，突顯了筆尖那「衄」、「挫」的技巧。

49. 況云積其點畫，乃成其字。
正好說聚積點畫，才可成字。

50. 曾不傍窺尺牘，俯習寸陰，
竟然有沒廣覽書法尺牘，不埋首勤習珍惜寸陰，(5)

51. 引班超以為辭，援項籍而自滿。
反而援引班超的說話和項羽的所謂大志，以看扁書道來自我滿足。(6)

52. 任筆為體，聚墨成形。
祇知胡亂地揮動筆桿寫個字體，併集墨水來成個字形。

53. 心昏擬效之方，手迷揮運之理。
心既沒明白摹習的方法，手亦迷失了揮筆運轉的道理。

54. 求其妍妙，不亦謬哉!?
如此而想寫得美妙的書法，這不是很荒謬麼!?

第三段: 淺談書道之為用

55. 然君子立身，務修其本。
要明白君子立身處世，務應修養其根本。

56. 揚雄謂詩賦小道，壯夫不為。
故此揚雄說，詩賦這等小技藝，有抱負的年壯男兒不屑去做。

57. 況復溺思豪釐，淪精翰墨者也!
更何況讓心思沉溺於毫末小技，把精力全放在書法裡面呢!

58. 夫潛神對奕，猶標坐隱之名；
然而，若潛心專注於圍棋對奕，猶足樹立「坐隱」的隱逸美名；

59. 樂志垂綸，尚體行藏之趣。
而喜歡專志於歸隱釣魚的，尚可體會無論進用退隱都隨遇而安的樂趣。

60. 詎若功定禮樂，
那知書法的成效，更在它實用上有助於審定《禮》、《樂》；

61. 妙擬神仙。
而其美妙之處，又可比擬神仙。

62. 猶挺埴之罔窮，
仿若陶土製皿的變化無窮，

63. 與工鑪而並運。
與金銅鑄器同可留傳久遠。(7)

64. 好異尚奇之士，翫體勢之多方；
那愛好奇異的人，把玩的是字形筆勢的變化多端；

65. 窮微測妙之夫，得推移之奧賾。
那尋根索源、深究玄妙的人，得到的是書道變遷發展裡面深奧的義蘊。

66. 著述者假其糟粕，藻鑒者挹其菁華。
世間撰述書法的人，依憑的大多是它的渣滓；獨有懂得鑒別華藻的人，才能舀取它的精華。

67. 固義理之會歸，信賢達之兼善者矣!
書道本就是一切仁義倫理的會合和依歸，相信賢能通達的人盡都擅長書法的啊!

68. 存精寓賞，豈徒然與!?
所以，把書法的精華保存下來留給人們觀賞，又怎會是白費工夫的呢!?

第四段: 慨言東晉南朝習書的流弊

69. 而東晉士人，互相陶染(淬?)。
而東晉士人，互相熏染。

70. 至於王、謝之族，郗、庾之倫，縱不盡其神奇，咸亦挹其風味。
到了王、謝家族，與及郗、庾之輩，縱或未能盡懂書法的神妙和奇美，卻都算是舀取了書法的特色和韻味。

71. 去之滋永，斯道逾微。
可惜離開他們的年代愈久，這書道就愈益式微了。

72. 方復聞疑稱疑，得末行末。
更且是聽了乖疑，稱賞乖疑；學得皮毛，力行皮毛。

73. 古今阻絕，無所質問。
書道古今隔斷，大家從沒質疑詰問過。

74. 設有所會，緘祕已深。
假如有所領悟，亦總會把它深深收藏起來，當作祕密。

75. 遂令學者茫然，莫知領要。
遂令學習書道的人相當迷茫，不知重點。

76. 徒見成功之美，不悟所致之由。
祇看見成果的美好，沒明白所以取得美好的因由。

77. 或乃就分布於累年，向規矩而猶遠。
於是乎，有些人學習字畫分布多年，結果卻仍是距離正確的法則甚遠。

78. 圖真不悟，習草將迷。
摹習真書(楷書)，無所領悟；學習草書，且又迷失。

79. 假令薄解草書，粗傳隸法，則好溺偏固，自閡通規。
即使稍稍了解草書，粗略地學得些真書的法則，卻又喜歡沈溺於個人的偏執，自毀於書道的常規。(8)

80. 詎知心手會歸，若同源而異派；
那知書法上心和手都有着共同依歸的極則，仿若同一本源，有着不同的流派;

81. 轉用之術，猶共樹而分條者乎!
而「轉」和「用」等不同書寫技法，亦如同一棵樹長出的不同分枝啊!

第五段: 略論各書體

82. 加以趨變(?)適時，行書為要；
加上遵循變化、合於時宜，行書顯得重要;

83. 題勒方冨，真乃居先。
至若題簽和勒石刻碑等文字書寫，由於受既定的大小和格式等限制(9)，自當以真書為首選。

84. 草不兼真，殆於專謹；
寫草書若不兼有真書的工整，其害在於過份單調而乏味; (10)

85. 真不通草，殊非翰札。
寫真書若不通曉草書的流暢，絕不會是書法流麗的尺牘作品。

86. 真以點畫為形質，使轉為情性；
真書以「點」「畫」為骨肉形體，以「使」(運筆)「轉」(轉折呼應)為韻味精神;

87. 草以點畫為情性，使轉為形質。
草書以「點」「畫」為韻味精神，以「使」「轉」為骨肉形體。

88. 草乖使轉，不能成字；
寫草書若不合「使」「轉」的筆法，就字形也沒能寫得成;

89. 真虧點畫，猶可記文。

寫真書如違背「點」「畫」的筆法，卻仍可記錄文字。

90. 迴互雖殊，大體相涉。

筆法變化雖甚不同，大致來說還是互相牽涉。

91. 故亦傍通二篆，俯貫八分。

故此亦要通曉大小篆書，埋首學通八分書(即漢隸書)。

92. 包括篇章，涵泳飛白。

也包括學習章草書法，浸淫「飛白」(渴筆)筆法。

93. 若豪氂不察，則胡、越殊風者焉!

若不細察不同書體筆法裡面的毫釐差別，那寫出來的，必然謬差甚大，情如相隔極其遙遠的北胡之與南越，兩者風俗是截然不同的啊!

第六段: 專精、兼善與品性

94. 至如鍾繇隸奇, 張芝草聖, 此乃專精一體, 以致絕倫。

至如鍾繇真書奇美，張芝則譽為草聖，這是他們專志於一種書體，才能達到如此無比的境界。

95. 伯英不真，而點畫狼藉；元常不草，使轉從橫。

然而，伯英(張芝) 雖非專精真書，但他真書的點畫，卻是奔放不拘; 元常(鍾繇)雖不專精草書，但他草書的使轉,同亦奔放自如。

96. 自茲已降，不能兼善者，有所不逮，非專精也。

自此往下，人們沒能草真兩體兼善，不及張鍾二人草書真書都能寫得好，這顯然不是因為專精的緣故。

97. 雖篆、隸、草、章, 工用多變, 濟成厥美, 各有攸宜。

雖則篆書、真書、草書、章草，技巧運用，多所變化，各自成就了它的獨特優美，亦各有所合適的不同用途。

98. 篆尚婉而通，隸欲精而密，草貴流而暢，章務檢而便。

例如篆書崇尚迴旋而連接，真書愛好工整而細密，草書貴乎變化而流暢，章草追求檢式而利便。

99. 然後凜之以風神，溫之以妍潤；
若之後能夠再以嚴勁的風采神韻來使它凜然有勢，又以妍美豐潤來使它温厚柔和；

100. 鼓之以枯勁，和之以閑雅。
復再以渴枯韌勁的筆勢來使它堅強有力，以安閑高雅的筆意來使它和順諧適。

101. 故可達其情性，形其哀樂。
於是，書法可以表達書者的情感和脾性，表露書者的哀傷和快樂。

102. 驗燥濕之殊節，千古依然；
亦足以證驗世態炎涼之下，書家所堅守的高尚節操，是千古不變的；

103. 體老壯之異時，百齡俄頃。
當體會到自己老年與壯年的書法有所不同的時候，一輩子百年歲月，瞬間便已經過去了。

104. 嗟乎! 不入其門，詎窺其奧者也!?
唉，若不進入書道的大門，又怎能窺見它的奧妙呢!?

第七段: 寫書法的環境、條件與論評之不足

105. 又一時而書，有乖有合。合則流媚，乖則彫疎。
又，當寫書法的時候，就有着合宜(合)和不合宜(乖)的情況。若是合宜，寫出來的，則會是柔和而美好；若不合宜，則會是散亂而粗糙。

106. 略言其由，各有其五：
今略略說明其中的因由，各自有五:

107. 神怡務閑，一合也；感惠徇知，二合也；
精神愉快，事務清閑，這是第一個合宜；情感舒暢，能依從心中的

感覺，這是第二個合宜；

108. 時和氣潤，三合也；紙墨相發，四合也；偶然欲書，五合也。
季節和暖，氣候濕潤，這是第三個合宜；紙墨優良，互相激發，這是第四個合宜；偶然即興，甚想揮毫，這是第五個合宜。

109. 心遽體留，一乖也；意違勢屈，二乖也；
內心倉猝，體力疲盡，這是第一個不合宜；情意違悖，因形勢所迫而屈折，這是第二個不合宜；

110. 風燥日炎，三乖也；紙墨不稱，四乖也；情怠手闌，五乖也。
風烈燥乾，日間炎熱，這是第三個不合宜；紙墨不佳，這是第四個不合宜；神情怠倦，指腕轉動不活暢，這是第五個不合宜。

111. 乖合之際，優劣互差。
合宜與不合宜之間，造成了此優彼劣的差別。

112. 得時不如得器，得器不如得志。
季節得宜，比不上有好的文具(紙筆墨硯)；有好的文具，比不上有大好的心情。

113. 若五乖同萃，思遏手蒙；
若果這五個不合宜同時滙集一起，那必然會神思遮蔽，指腕遲純；

114. 五合交臻，神融筆暢。
若果這五個合宜相合一起，那必然會精神和樂，運筆流暢。

115. 暢無不適，蒙無所從。
由於運筆流暢，所書自然無所不好；若是指腕遲純，所書自然無所依從。

116. 當仁者得意忘言，罕陳其要；
擔當書道並以之為己任的人，深得它的意趣，可卻無法用言語表達出來，因而極少能陳述它的綱要；

117. 企學者希風敘妙，雖述猶疎。
求學書道的人，企慕效法，敘述奇巧，雖然有所陳述，卻同樣是空洞而淺薄。

118. 徒立其工，未敷厥旨。
他們的工夫都是白做，未足陳述它的美妙之處。

119. 不揆庸昧，輒效所明。
庸昧的我，不自量力，敢自獻出我所明瞭的。

120. 庶欲弘既往之風規，導將來之器識。
希望能夠弘揚往時的書風和法度，帶領將來人們在書道上的氣度和見識。

121. 除繁去濫，覩迹明心者焉!
並且删除繁冗，去掉蕪濫，令人們觀賞前人法書寶迹之時，心也澄明起來哩!

第八段：書譜題材取捨的準則，並以東漢至南朝為斷限

122. 代有《筆陣圖》七行，中畫執筆三手；圖貌乖舛，點畫湮訛。
世上有《筆陣圖》七行，裡面畫載執筆的幾種手法；可惜圖形差錯，綫條點畫，亦是模糊訛誤。

123. 頃見南北流傳，疑是右軍所製。
今見在南北各地流傳，懷疑是右軍(羲之)所作。

124. 雖則未詳真偽，尚可發啟童蒙。既常俗所存，不藉編錄。
雖則未知它是真是偽，惟尚可用以開導蒙昧的小孩。民間既已普遍存有，我在這裡就不再記述和輯錄了。

125. 至於諸家勢評，多涉浮華，莫不外狀其形，內迷其理。今之所撰，亦無取焉。
至於各家對筆勢(例如蔡邕「九勢」)的評論，大多流於浮夸不實，無非祇是表面地陳述一下字畫的「形勢」，內裏卻迷失了書道的至理。這等評論，在我今日的撰述裡面，亦不會選錄。

126. 若乃師宜官之高名，徒彰史牒；
若如師宜官在書道上的大名，僅見錄於史冊；

127. 邯鄲淳之令範，空著縑緗。
又如邯鄲淳在書道上的典範，也不過是空洞地記載在書冊裏面。

128. 暨乎崔、杜以來，蕭、羊已往，代祀縣遠，名氏滋繁。
及至崔(崔瑗，77-142AD)、杜(杜度)以來，蕭(蕭子雲，486-549 AD)、羊(羊欣，359-432 AD)以前(即公元一世紀至六世紀)，世代長遠，有名望的氏族，愈漸增多。

129. 或藉甚不渝，人亡業顯；
裡面有些在書道上名聲極大，盛久而不變，人死之後，他書道藝業的成就仍舊耀眼；

130. 或憑附增價，身謝道衰。
也有些僅依靠家族的名譽來提高聲價，人亡之後，他的書法亦同時衰微。

131. 加以糜蠹不傳，搜秘將盡。
再加上(書家作品大多)毀爛和蟲蛀，沒能好好流傳下來; 而人們秘藏的佳作，亦應已給搜尋殆盡。

132. 偶逢緘賞，時亦罕窺。
就算偶然遇見一兩件稍足收藏觀賞的，但上佳的實亦極之少見。(11)

133. 優劣紛紜，殆難覼縷。
所以，(此時期各書家書法，)其孰優孰劣，也就眾說紛紜，幾乎難以一一詳述了。

134. 其有顯聞當代，遺迹見存，無俟抑揚，自標先後。
至於那些知名的現代(隋唐)書家，由於遺留下來的書迹仍見保存，實在不用等待我來評論褒貶，他們的作品本身已經顯出了誰優誰次。

135. 且六文之作，肇自軒轅；八體之興，始於嬴正。
又，六文(即六書：象形，指事，會意，形聲，假借，轉注) 的興起，始自軒轅(黃帝); 而八體(大篆，小篆，刻符，蟲書，摹印，署書，殳書，漢隸書) 的流行，則始於嬴正(後來的秦始皇)。

136. 其來尚矣，厥用斯弘。
它們的由來俱甚久遠啊，而其功用亦皆弘大。

137. 但今古不同，妍質懸隔。既非所習，又亦略諸。
但由於今古並不相同，妍麗和質樸相差也很大。既然並非今人所熟習的，我亦省略它們了。

138. 復有龍蛇雲露之流，龜鶴花英之類；
也有什麼「龍書」「蛇書」「雲書」「露書」之流，「龜書」「鶴書」「花書」「英書(靈芝)」之類;

139. 乍圖真於率爾，或寫瑞於當年。
或者隨意摹畫實物，或者摹寫過往的吉祥。

140. 巧涉丹青，工虧翰墨。異夫楷式，非所詳焉。
它們的技巧涉及繪畫，而技法上也違背書法。法則不同，亦非我所詳述的了。

141. 代傳羲之《與子敬筆勢論》十章，
世上流傳王羲之《與子敬筆勢論》十章，

142. 文鄙理疏，意乖言拙。詳其旨趣，殊非右軍。
文字庸俗，道理空疏;情意乖違，見解拙劣。若細看它的要旨，相信絕非右軍(羲之)所作。

143. 且右軍位重才高，調清詞雅。聲塵未泯，翰牘仍存。
況且右軍地位崇重，才學超卓;調子高潔，言詞雅尚。他的名聲歷久不失，他的尺牘法書當日留存甚多。(12)

144. 觀夫致一書、陳一事，造次之際，稽古斯在。
看他凡給人寫一封書信，又或陳述一件事情，就算是匆忙的時候，亦必考究古人法式之所在。

145. 豈有貽謀令嗣，道叶義方，章則頓虧，一至於此!?
又怎有教導他的兒子(獻之) 以合乎規律、遵守正道，一下子卻全都
違背章法規則，竟至於如此地步!?

146. 又云與張伯英同學，斯乃更彰虛誕。
文中又說，羲之和張伯英(張芝)是同學，這就更顯得荒誕無稽了。

147. 若指漢末伯英，時代全不相接；
若這指的是漢代末年的張伯英，則在年代上完全不相銜接;

148. 必有晉人同號，史傳何其寂寥？
若是有晉人和伯英同一姓名，那史書傳記又何以如此冷清沉寂，一
無記述？

149. 非訓非經，宜從棄擇。
這等不合訓詁考證、違背經學義理的述論，我應當因而捨棄它們
了。(13)

150. 夫心之所達，不易盡於名言；言之所通，尚難形於紙墨。
心裏所通曉的，不容易完全明白地用言語表達出來; 就言語所能表
達的，亦難以用文字描寫出來。

151. 粗可髣髴其狀，綱紀其辭。
衹可粗略地仿照人們對書技的各種描述，理順人們對書道的各種解
說。

152. 冀酌希夷，取會佳境。闕而未逮，請俟將來。
希望能夠找得它的玄妙自然，悟得它的美妙境界。若有脫漏不及之
處，那請大家等待他日(人們來補充)了。

第九段: 略言執筆和運筆(筆勢)

153. 今撰執、使、用、轉之由，以袪未悟:
現述(執筆運筆上)「執」、「使」、「用」、「轉」的方式，以開
啟尚未明瞭的人:

154. 執謂深淺長短之類是也；
「執」是執筆時所用指節的或深(近掌心)或淺(近指尖)，與及執筆管的或長(上端)或短(下端)等等；

155. 使謂縱橫牽掣之類是也；
「使」是用腕力運筆「橫」、「直」牽拉互掣等等；

156. 轉謂鉤鐶盤紆之類是也；
「轉」是筆鋒轉折而成「鉤」(彎)、「鐶」(圓)、「盤」(繞)、「紆」(曲)等等；

157. 用謂點畫向背之類是也。
「用」是「點」、「畫」分布彼此是相面向還是相背向等等。

158. 方復會其數法，歸於一途。
且又把各種執筆和運筆的方法融會起來，使歸向於同一的學習途徑。

159. 編列眾工，錯綜羣妙。
亦會結合並詳細分析眾書家的各種(執筆運筆的)技巧，與及由它們(包括筆勢)交錯綜合而成的種種美妙。

160. 舉前賢之未及，啟後學於成規。
舉出前代賢哲所不曾涉及，啟發書道後輩以前人既定的規範。

161. 窺其根源，析其枝派。
察看書道的根源，分析它的分枝和流派。

162. 貴使文約理贍，迹顯心通。
重要的是，要讓本書文字簡約，內容豐富；書迹得見，思想曉暢。

163. 披卷可明，下筆無滯。
使讀者開卷讀之，即可明白；書法落筆，了無阻滯。

164. 詭詞異說，非所詳焉。
至如虛妄的言詞和怪誕的論說，就不是我在這裡可以詳述的了。

165. 然今之所陳，務裨學者。

如是，我今日所陳述的，必有裨益於學習書法的人了。

第十段：粗論王羲之法書

166. 但右軍之書，代多稱習，良可據為宗匠，取立指歸。豈唯會古通今，亦乃情深調合。

凡是王右軍(羲之)的法書，世人總多稱許和學習。長久以來，大家可都視他為技藝超群、人所共仰的宗師，也拿他的書道成就，作為學書的旨意和歸向。右軍法書豈獨理解古時、通曉當代(東晉)，且亦是情意深厚、格調相合。

167. 致使摹搨日廣，研習歲滋。先後著名，多從散落。歷代孤紹，非其効歟？

(右軍法帖)因而摹搨日漸廣泛，研習者年年增加。諸帖著名摹搨本，或好或次，大多依據已散失之羲之原作摹印而來。羲之書法歷代特別得以承傳，不就是廣泛摹搨的功效麼？

168. 試言其由，略陳數意。

今試(略依創作時序)說說右軍法書的創作歷程，也約略陳述我的幾點意見。

169. 止如《樂毅論》、《黃庭經》、《東方朔畫讚》、《太師箴》、《蘭亭集序》、《告誓文》，斯並代俗所傳，真行絕致者也。

諸如《樂毅論》、《黃庭經》、《東方朔畫讚》、《太師箴》、《蘭亭集序》、《告誓文》，這都是世俗所流傳，乃真書行書之中情意絕好的作品。

170. 寫《樂毅》則情多怫鬱；書《畫讚》則意涉瑰奇；

他初寫《樂毅論》時，心情鬱悶不舒暢；其後寫《東方朔畫讚》時，情意就入於瑰麗珍奇了；

171. 《黃庭經》則怡懌虛無；《太師箴》又縱橫爭折。

寫《黃庭經》，則心情愉悅、意尚無為；寫《太師箴》又是縱橫奔放，望在功名上爭取折桂(第一)。

172. 暨乎蘭亭興集，思逸神超；
及至寫《蘭亭興集》，已是思想縱逸，精神超脫；

173. 私門誡誓，情拘志慘。
(最後寫《告誓文》) 在家裡(向父母)誠意立誓(永離官場) 時，就情意拘執，心情凄慘了。

第十一段：書道發自個人感情，貴乎自然

174. 所謂涉樂方咲，言哀已歎。
正所謂「經歷快樂，才會歡笑; 言及哀傷，必然歎息」。(14)

175. 豈惟駐想流波，將貽嘽嗳之奏；
怎會單單祇有對流水凝思，(伯牙)方始遺留哀泣的樂句;

176. 馳神睢渙，方思藻繪之文。
又或必要對(生產彩布的)睢水渙水遐想，才會想起文彩華麗的文章。

177. 雖其目擊道存，尚或心迷義舛。莫不強名為體，共習分區。
雖則其人眼光接觸即曉得道理所在、悟性甚高，但依然常會情思迷失、義理乖違。無不硬(把書家所寫的字) 說成是什麼「體」(例如初唐時魏徵稱讚褚遂良的書法「甚得王逸少(羲之)體」)(15)，大家一齊分體分類來學習。

178. 豈知情動形言，取會風騷之意；
那知情感一動，發為言辭，自然便取集《國風》《離騷》的情意;

179. 陽舒陰慘，本乎天地之心。既失其情，理乖其實。原夫所致，安有體哉?!
見晴而舒暢，遇陰而愁鬱，全亦來自天地自然的本性。(故此, 若強把貴乎自然的書法來個標準字體,) 既失書道自然之情,道理上亦違天性自然之實。推究書道本源，所得的是, 那有什麼「標準字體」的啊?!

第十二段: 書道的規模格局

180. <u>夫運用之方，雖由己出；規模所設，信屬目前。</u>
運筆用筆的方法，雖是由我而作，但如何建立格局，就確實屬於下筆時的一刻。

181. <u>差之一豪，失之千里。苟知其術，適可兼通。</u>
下筆時雖稍差一毫之微，結果落差卻會是千里之遠。若能瞭解建立格局的方法，當可通曉其他技藝了。

182. <u>心不厭精，手不忘孰(熟)。</u>
心裡不煩嫌(追求規模)完美，指腕沒捨棄(筆法運用)熟練。

183. <u>若運用盡於精熟，規矩闇於胸襟，自然容與徘徊。</u>
若運筆和用筆極之精湛純熟，而規矩格局又能熟悉於胸懷，自然便是悠然自得，行筆淡定從容。(16)

184. <u>意先筆後，蕭灑流落。</u>
情意在先，落筆在後; 便是清逸灑脫，經絡流暢。

185. <u>翰逸神飛，亦猶弘羊之心，預乎無際；</u>
於是行筆閑適，神采飛揚，亦如桑弘羊的深思運籌，由他預計的了無邊際;(17)

186. <u>庖丁之目，不見全牛。</u>
又如厨子的眼睛，劖牛時(純熟至)無需看見整一頭牛。(18)

187. <u>嘗有好事，就吾求習。</u>
曾有愛好書法的人，走來求教於我。

188. <u>吾乃粗舉綱要，隨而授之。</u>
我於是略舉大要，即時傳授給他。

189. <u>無不心悟手從，言忘意得。</u>
沒有不是心裡領悟，指腕依從; 既懂得了箇中意義，大可忘卻語言了。

190. 縱未窮於眾術，斷可極於所詣矣！
縱使未曾究盡各種技法，亦必可最終達至(書道的)所在了！

第十三段：習書的三個階段——平正、險絕、通會

191. 若思通楷則，少不如老；
若是思索法則，通曉楷模，年少及不上年老；

192. 學成規矩，老不如少。
若是學好一般準則成規，年老及不上年少。

193. 思則老而逾妙，學乃少而可勉。
思索楷模，以年老而逾更精微; 學好成規，則乃年少而大可努力。

194. 勉之不已，抑有三時。時然一變，極其分矣。
不停的努力學習，其中或有三個階段。每階段總會帶來一些很大的變化，那可要盡自己的天分了。

195. 至如初學分布，但求平正；
至於初學布局，但求平穩端正;

196. 既知平正，務追險絕；
既學曉平穩端正，便要追求極險異絕;

197. 既能險絕，復歸平正。
既能夠極險異絕，又再復歸於平穩端正了。

198. 初謂未及，中則過之，後乃通會。
初時以為未及極險異絕，半途卻是過了分寸，最後才達至貫通融會。

199. 通會之際，人書俱老。
到了貫通融會的時候，那人和書都已經是老境了。

200. 仲尼云：「五十知命。七十從心。」
仲尼說：「五十歲知天命。七十歲從心所欲，不逾越規矩。」(19)

201. 故以達夷險之情，體權變之道。
故可用這達至平穩端正、極險異絕兩相兼的情懷，來體現靈活變通的道理。

202. 亦猶謀而後動，動不失宜；
亦如先謀劃(例如規矩端正)而後行動(例如極險異絕)，行動時就不會不恰當；

203. 時然後言，言必中理矣。
又或該說時才說，那所說必合乎道理了。(20)

204. 是以右軍之書，末年多妙。
所以王右軍(羲之)的書法，晚年大都美妙。

205. 當緣思慮通審，志氣和平，不激不厲，而風規自遠。
這當然是因為他思想通達細密，心平氣和，不躁不烈，而風格自然便是高遠。

第十四段：時人習書的毛病

206. 子敬已下，莫不鼓努為力, 標置成體。
可王子敬(獻之) 之後，人們無不奮力寫那「豎直」以為筆力，標榜自己學成了某一家的字體。(21)

207. 豈獨工用不侔，亦乃神情懸隔者也!
這何止所費力氣(與效果)不相配，且亦是和自己的思想感情相隔甚遠的呀!(22)

208. 或有鄙其所作，或乃矜其所運：
或有些人輕視自己的書法，又或有些居然誇傲自己的運筆：

209. 自矜者將窮性域，絕於誘進之途；
自滿自誇的人，必定自絕於(書法)情性的境域，亦斷絕了循循善誘得以上進的道路；

210. 自鄙者尚屈情涯，必有可通之理。
自覺鄙陋不足的人，雖差不多也隔斷了情性的邊岸，卻仍必有可以通達的理由。

211. 嗟乎！蓋有學而不能，未有不學而能者也！考之即事，斷可明焉。
唉！祇有學習而沒能學成，沒有不學而能學成的呀！探索一下眼前所討論的書法這事情，是絕對可以明白的了。

第十五段: 習書者要注意的地方

212. 然消息多方，性情不一。
明白了書道變化多端，表達的性情總不一樣。(23)

213. 乍剛柔以合體，忽勞逸而分驅；
忽然是剛勁與柔弱使之合為一體，忽然是勞苦與逸樂各自分道而奔馳；

214. 或恬憺雍容，內涵筋骨；
或者是恬靜泰然、雍容不迫，內裡卻包含着「筋」(韌) 和「骨」(勁);

215. 或折挫槎枒，外曜峯芒。
或者是「折」(折筆)「挫」(挫筆) 而成的杈枝，外表耀顯了字的棱角。

216. 察之者尚精，擬之者貴似。
審視它的，貴乎精細; 模仿(臨摹) 它的，貴乎形似。

217. 況擬不能似，察不能精; 分布猶疏，形骸未檢。
有些情況是模仿不能形似，審視沒能精細; 布局太不熟練，字形亦不合法度。(24)

218. 躍泉之態，未覩其妍；
(寫出來的字，)就算有龍躍於泉的形態，也看不見它的妍美；

219. 窺井之談，已聞其醜。
而那些有如低頭望井水(永不能照見自己眼珠)的矇昧言談，定必一聽而知其醜陋。

220. 縱欲搪突羲、獻，誣罔鍾、張，安能掩當年之目，杜將來之口？
這些人縱使愛好搪突地(自稱所習)盡依羲之獻之，又或誣罔地(自謂所摹)確乃鍾繇張芝，卻如何能夠掩蓋當時人們(雪亮)的眼睛，杜絕將來人們(負面)的批評呢？

221. 慕習之輩，尤宜慎諸!
想學書道的人，更該謹慎於此啊!

第十六段：談運筆的速度——遲重、勁疾與淹留

222. 至有未悟淹留，偏追勁疾；不能迅速，翻效遲重。
至於有些人未曾領悟「淹留」，祇片面地處處追求舞劍似的快疾；又或不能快速，反過來卻祇懂一味效法「遲重」。

223. 夫勁速者超逸之機，遲留者賞會之致。
勁速是書法超逸的由來，遲留(「遲重」與「淹留」)則帶來心賞神會的情趣。

224. 將反其速，行臻會美之方；
應當倒轉行筆的速度(每一運筆，快速時須有少部份慢，慢速時須有少部份快。亦即要有變化，切莫同一速度)，才可達到會集美善的境地;

225. 專溺於遲，終爽絕倫之妙。
若全沈溺於「遲重」，終必傷了那無可相比的美妙。(25)

226. 能速不速，所謂淹留；因遲就遲，詎名賞會？
(一筆之中，)在能夠快疾的地方卻保留少部份慢，這就是所說的「

淹留」；(一畫之內　，)因為遲慢而一味遷就遲慢，那又怎能成為令
人心賞神會的(書法)呢？

227. **非夫心閑手敏，難以兼通者焉。**

若不是內心閑靜、指腕敏捷，是難以遲重勁速和淹留全都通曉的
呢。

第十七段：論骨、筋與肉

228. **假令眾妙攸歸，務存骨氣；骨既存矣，而遒潤加之。**

假設諸種美妙都聚合了，便須要有瘦硬的骨氣；骨氣既有了，才加
之以遒韌(筋) 和豐潤(肉)。

229. **亦猶枝榦扶疎，淩霜雪而彌勁；**

亦如樹枝在樹幹之上，枝繁葉茂，經歷霜雪而更加強健；

230. **花葉鮮茂，與雲日而相暉。**

繁花在葉叢裡面，鮮艷茂盛，與彩雲麗日互相暉映。

231. **如其骨力偏多，遒麗蓋少，**

如果字的骨力(骨氣) 偏多，遒韌(筋) 和潤麗(肉) 過少，

232. **則若枯槎架險，巨石當路。雖妍媚云闕，而體質存焉。**

那就像用乾枯的樹枝在險要的地方架橋，大石擋住去路(糙硬狹隘)
。雖說是缺乏了妍麗和媚美，但形體樸質卻還是存在的。

233. **若遒麗居優，骨氣將劣，**

若是遒韌潤麗佔優，骨氣則劣，

234. **譬夫芳林落蘂(蕊)，空照灼而無依；蘭沼漂萍，徒青翠而奚託？**

那就譬若芬芳花林散落的鮮花，空自明艷卻是無所依歸；又或蘭池
飄浮的澤蘭和隨水漂流的浮萍，獨自青翠卻是何所憑託？

235. **是知偏工易就，盡善難求。**

是以知道，(骨、筋、肉)局部擅長倒易做到，可盡都擅長那就實在

難求的了。

236. 雖學宗一家，而變成多體。莫不隨其性欲，便以為姿。

於是，人們學書雖是取法一派，卻總會變化成為多種面貌不同的
體態。無不祇依隨自己的習性愛好，把自己所熟習的就當成是美
了。(26)

237. 質直者則俓侹不遒，剛很者又掘強無潤。

例如其中那些樸實正直的人，寫的字是堅直而無遒勁(筋); 而那些剛
愎自用的，寫的字則又倔強而無潤麗(肉)。

238. 矜斂者弊於拘束，脫易者失於規矩；

那些謹慎內斂的，弊病在於寫字太過拘謹不自然; 而那些輕率簡慢
的，寫字則又迷失了規矩;

239. 溫柔者傷於軟緩，躁勇者過於剽迫；

那些溫和柔順的，寫字往往又損在軟弱而緩慢; 而性急氣盛的，寫
字往往又錯在輕佻而躁急;

240. 狐疑者溺於滯澀，遲重者終於蹇鈍，輕瑣者染於俗吏。

品性多疑的，寫字總溺陷於呆滯不暢; 心手不敏捷的，寫字結果祇
會遲鈍不快; 輕佻猥瑣的，寫字又常習染於(矯飾外貌、似是而非的)
庸俗小吏。

241. 斯皆獨行之士，偏翫所乖!

這全都是固執己意(祇依隨自己的習性愛好) 以行事的人，這正是片
面學習書道所帶來的差錯呀!

第十八段: 綜論習書之終極之道──回歸我之真本性與天道自然

242. 《易》曰:「觀乎天文, 以察時變; 觀乎人文, 以化成天下。」

《易經》說:「觀看天文形象，以察見四時的變化; 觀看人文禮儀，
以察見自然如何教化天下社會。」(27)

243. 況書之為妙, 近取諸身。

況且書道之成為美妙，乃在近處選取人身(自身) 作象徵。(28)

244. 假令運用未周, 尚虧工於祕奧,
假設運筆用筆未得周詳，於隱密深奧的書道裡面尚欠工夫，

245. 而波瀾之際, 已濬發於靈臺。
然而，在起伏變化的思潮之中(29)，這書道已經從自己的心靈深處
滋長出來了。(此所謂「近取諸身」。)

246. 必能傍通點畫之情, 博究始終之理, 鎔鑄蟲篆, 陶均草隸。
如是必能洞達「點」「畫」的感情，深究始末的道理。於是取法蟲
書篆書(古)，成就草書隸書(今隸，真書)(今)。

247. 體五材之並用, 儀形不極;
效法(天地自然) 那金、木、水、火、土五種材料的混合並用，(字
的)形貌變化因此無所極限;

248. 象八音之迭起, 感會無方。
好像那八種樂器合奏的各種自然樂聲交替響起，人與樂音的相感應
相合一，同是無限無邊。

249. 至若數畫並施, 其形各異;
至如幾個「畫」一起鋪陳，它們的「形勢」各自不同;

250. 眾點齊列, 為體互乖。
又或許多「點」一齊排列，所作的體態(「形勢」)亦是彼此相違。

251. 一點成一字之規, 一字乃終篇之准。
才下筆寫一個「點」，這一「點」(的筆勢)便即成為整個字的規範;
而這一個字(的「形勢」)，也就是整篇作品的準繩了。

252. 違而不犯, 和而不同。
(點畫之間，字與字之間) 相背而不相犯，相協而不相同。

253. 留不常遲, 遣不恆疾; 帶燥方潤, 將濃遂枯。
住筆不代表永是緩慢，縱筆也不代表永就急速;帶有乾亦帶有潤，
既順從於濃亦順服於枯。

254. 泯規矩於方圓, 遁鉤繩之曲直。

在畫方形圓形時埋掉圓規和曲尺，在畫曲綫直綫時藏起圓鉤與墨繩。

255. 乍顯乍晦, 若行若藏。

忽然顯明，忽又晦暗；既像走動，又似躲藏。

256. 窮變態於豪端, 合情調於紙上;

在筆鋒上，窮盡(書道)變化的不同情態；在紙張上，結合(性情哀樂無盡的)情意格調;

257. 無間心手, 忘懷楷則。

(技巧熟練至)不需分別心和手(30)，也忘掉了什麼書道法式。

258. 自可背羲獻而無失, 違鍾張而尚工。

自然可以違背羲之獻之卻一無失當，不同於鍾繇張芝而仍見精妙。

259. 譬夫絳樹青琴, 殊姿共艷;

比如「絳樹」和「青琴」，不同美姿卻是同樣艷麗;(31)

260. 隨珠和璧, 異質同妍。

又若「隨侯珠」與「和氏璧」，不同物質卻是一樣妍美。(32)

261. 何必刻鶴圖龍, 竟慚真體; 得魚獲兔, 猶恡筌蹄?

何必(死板地)雕鶴繪龍, 終有愧於(自己的)真實本性呢! 既捕得了魚，也獵獲了兔，還吝惜那捕魚的竹器和獵兔的網具幹什麼?

第十九段: 知與不知

262. 聞夫家有南威之容, 乃可論於淑媛; 有龍泉之利, 然後議於斷割。

聽說，家中要先有美如「南威」容貌的美人，才可以討論什麼叫做絕色美女; 要先有鋒利如「龍泉劍」的利刃，然後可以議論什麼叫做齊口割斷。(33)

263. 語過其分，實累樞機。
說話若超出自己的本分，實在有損(關乎個人品格榮辱的)言行。(34)

264. 吾嘗盡思作書，謂為甚合；時稱識者，輒以引示。
我曾經竭盡心思，寫了篇書法作品，認為已甚合己意;(當遇見) 時下稱為有見識的人，我每每拿它出來給他看。

265. 其中巧麗，曾不留目；或有誤失，翻被嗟賞。
作品裡面美妙華麗的地方，他竟沒注視;其中或許有些差錯之處，卻反而被他讚賞。

266. 既昧所見，尤喻所聞；或以年職自高，輕致陵誚。
人們既陋於自己之所見，尤喜歡講自己之所聞;又或者恃着年紀職位而自傲，隨隨便便就侮辱教訓別人。

267. 余乃假之以緗縹，題之以古目。
於是我把它放在絲帛做的書匣裏面,好看似十分貴重。並在匣上題了個古舊的標題。

268. 則賢者改觀，愚夫繼聲；競賞豪末之奇，罕議峯端之失。
那就所謂有德的人便即時對它改觀，而蒙昧無知的則在旁應和;爭相讚賞我筆下的奇妙，極少談論我筆法的失當。

269. 猶惠侯之好偽，似葉公之懼真。
恰如(酷愛羲之書法的) 惠侯，重金搜藏的心頭好，幾乎全都是贗品;又似(沈迷龍畫的) 葉公，驚懼的竟是遇上真龍的一刻。(35)

270. 是知伯子之息流波，蓋有由矣。
這就知道，(知音鍾子期死後,)伯牙終身不再彈奏他那美若高山流水的妙音，是大有原因的了。

271. 夫蔡邕不謬賞，孫陽不妄顧者。以其玄鑒精通，故不滯於耳目也。
(對於琴木)蔡邕不會妄加讚賞，(對於馬匹) 孫陽(伯樂) 不會胡亂看它一眼。皆因他倆心內都明鏡洞察、透徹通曉，故此不受自己的耳朵和眼睛所拘限。(36)

272. 向使奇音在爨，庸聽驚其妙響；
假使(優良琴木) 在爐灶裡燃燒時發出的霹啪奇妙聲音，平庸的人聽了也驚歎它的美妙聲響；

273. 逸足伏櫪，凡識知其絕羣；
而快疾駿馬隱伏在馬槽裡面，一般見識的人也知道牠是出眾超群；

274. 則伯喈不足稱，良樂未可尚也。
那末伯喈(蔡邕)就不值得受人稱揚，而(善於御馬的)王良和(善於相馬的)伯樂，也不會如此受人尊崇了。

275. 至若老姥遇題扇，初怨而後請；
至如賣扇的老婦人遇上(王羲之)在扇面上題字，初則埋怨，但後來(因大賣)卻走來請求(羲之)多題幾扇; (37)

276. 門生獲書機，父削而子懊。知與不知也。
又(羲之)學生得(羲之)探訪，並在他家裡平滑的棐几上題字，(學生的)父親竟把(羲之的)字削去，做兒子的為之悔恨不已(38)。(凡此說明，) 這是瞭解和不瞭解(的區別)了。

277. 夫士屈于不知己，而申於知己。
有識見的讀書人，每在不瞭解自己的人面前失意而受屈，卻在瞭解自己的人跟前得意而舒展。

278. 彼不知也，曷足怪乎？！
對於那些不瞭解的人，有什麼可以怪責他們的呢？！

279. 故莊子曰：「朝菌不知晦朔，蟪蛄不知春秋。」
故此莊子說:「朝菌(朝生暮死)，不知道什麼是月終(晦)月旦(朔，初一)；夏蟬(夏生秋死)，不知道什麼是春天秋天。」(39)

280. 老子云：「下士聞道，大咲之；不咲之則不足以為道也。」
老子說:「下等的讀書人聽聞我講的『道』，必然大笑它; 沒笑它的話，它就不可能成為『道』了。」(40)

281. 豈可執冰而咎夏蟲哉？！

我們又怎可以手持冰塊而去咎責(僅生存於夏天的)夏蟲啊？！(41)

第廿段：結語——此書名曰「書譜」的因由

282. 自漢魏已來，論書者多矣。妍蚩雜糅，條目糾紛。

自漢魏以來，討論書道的人實在很多。美醜錯雜，條目紛亂。

283. 或重述舊章，了不殊於既往；

有些祇是重複叙述舊時的文章，與過往毫無分別;

284. 或苟興新說，竟無益於將來。

有些隨便就提倡新的論說，對於將來學習的人，畢竟一無裨益。

285. 徒使繁者彌繁，闕者仍闕。

結果祇會令到繁雜的更為繁雜，缺少的仍然缺少。

286. 今撰為六篇，分成兩卷。第其工用，名曰書譜。

現今撰為六篇，分做兩卷。從它的功用來說，叫做《書譜》。

287. 庶使一家後進，奉以規模；

但願使得親若一家的同道後輩們，都奉它為習書的規範;

288. 四海知音，或存觀省。

而四海各處知我心意的知音們，或可留它作為查閱。

289. 緘祕之旨，余無取焉。

至如把(自己所知當作)祕密來封藏這等主意，我是絕不取法的。

290. 垂拱三年寫記。

垂拱三年(687AD)(孫過庭)寫記。

西曆二千十九年元月眇人潘國鍵譯為白話並分段冠以小標題。歲月無情，忽已七十。

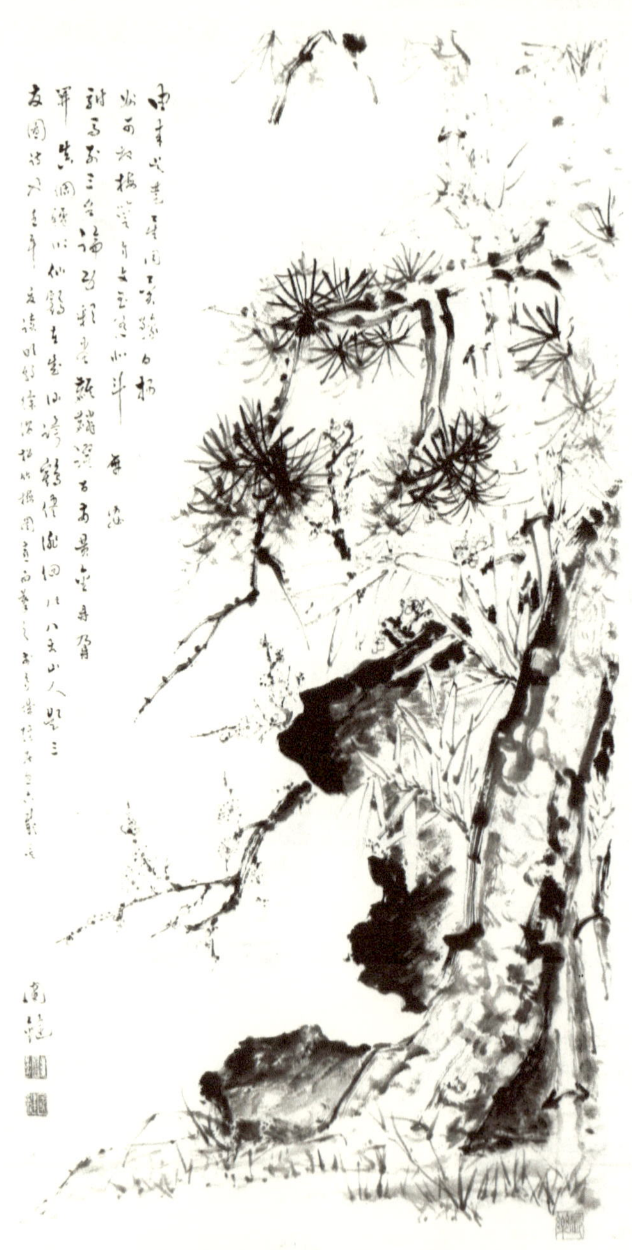

潘國鍵擬徐渭松竹梅圖　水墨紙本
102x53cm　2002年壬午

註釋

(1) 無斲(慚)，不遜於。劉勰《文心雕龍》：「夫山木為良匠所度，經書為文士所擇。木美而定於斧斤，事美而制於刀筆。研思之士，無斲匠石矣。」卷八事類。上海:商務印書館，1937，p.53。

(2) 語見《論語·雍也》。

(3)資，同「恣」，放縱。見中央研究院《搜詞尋字》。

(4)優，協調。見中央研究院《搜詞尋字》。

(5)傍，廣博。窺，觀看。見中央研究院《搜詞尋字》。

(6)「大丈夫無它志略，猶當效傅介子、張騫立功異域，以取封侯，安能久事筆研閒乎？」見范曄《後漢書》卷四十七班梁列傳。香港:中華書局1971，p.1571。又，「書足以記名姓而已，劍一人敵，不足學，學萬人敵。」見司馬遷《史記》卷七項羽本紀。香港:廣智書局，出版年份缺，p.1。

(7) 運，遠。見中央研究院《搜詞尋字》。

(8) 闋，毀也。見《康熙字典》。

(9)方，準則。馬融《長笛賦》：「取予時適，去就有方。」畐，即幅，見《康熙字典》。幅，界限。見中央研究院《搜詞尋字》。

(10) 謹，專也。見《康熙字典》。

(11) 時，善也；善，佳也。見《康熙字典》。

(12) 仍，厚也。《爾雅郭(璞)注》：「仍，厚也。」卷一釋詁下。臺灣:新興書局，1964，p.8。厚，多也。《漢書》卷二十四下食貨志下:「民若匱，王用將有所乏；乏將厚取於民...。」顏師古注曰:「厚，猶多也，重也。」香港:中華書局，1970，p.1152。

(13) 擇，通「釋」，捨棄。見中央研究院《搜詞尋字》。

(14) 見陸機《文賦》。

(15) 見劉昫，《舊唐書》卷八十褚遂良傳。臺灣: 臺灣中華書局，1971, 冊六 p. 1。「王逸少體」即所謂「王體」。

(16) 闇，通「諳」，熟悉。王讜《唐語林‧政事下》：「軍鎮道里與騎卒之數，皆能闇計之。」見《新華字典》。容與徘徊，見班固《西都賦》：「大路鳴鑾，容與徘徊。」徘徊，安行貌。蘇軾《前赤壁賦》：「少焉，月出於東山之上，徘徊於斗牛之間。」

(17) 「運籌則桑弘羊」，見 班固《漢書》卷五十八兒寬傳。香港: 中華書局，1970, p.2634。

(18)「庖丁解牛」，見《莊子‧內篇‧養生主》。

(19) 見《論語‧為政》。 孔子名丘，字仲尼。

(20) 「時然後言」，見《論語‧憲問》。

(21) 「努」，即永字八法的直畫。

(22) 工用，氣力。白居易《晚燕》：「不悟時節晚，徒施工用多。」侔，配也。《莊子‧內篇‧大宗師》：「畸人者，畸於人而侔於天。」

(23) 然，明白。見 中央研究院《搜詞尋字》。消息，變化。《隋書》卷九志第四禮儀四：「然事有消息，不得皆同於古。」臺灣: 藝文印書館二十五史，冊18隋書，據清乾隆武英殿刊本景印，p.103。

(24) 疏，不熟練。見 中央研究院《搜詞尋字》。

(25)爽，傷也。見 中央研究院《搜詞尋字》。

(26) 便，熟習。見 中央研究院《搜詞尋字》。

(27) 見《易經》象辭上，賁卦。

(28) 「近取諸身，遠取諸物」。見《易經》繫辭下傳。

(29) 波瀾，思潮起伏。孟郊《列女操》：「波瀾誓不起，妾心井中水。」又劉禹錫《竹枝九篇》：「長恨人心不如水，等閑平地起波瀾。」

(30) 無間，不分別。劉向《說苑》卷二臣術：「…入則辯言好辭，出則更復異其言語。使白黑無別，是非無間。…如此者亡國之臣也。」上海：商務印書館，1937，冊一，p.14。

(31) 絳樹，神話中的仙樹。見《淮南子‧墜形訓》。亦古代歌女名，借指美女。青琴，古代女神名，見《史記‧司馬相如列傳》。亦指姣美歌姬。

(32) 隨珠，隨侯珠，夜明珠也。和璧，和氏璧，古代最珍貴的美玉。「隨侯珠」、「和氏璧」並稱「春秋二寶」。

(33) 兩語並見曹植《與楊德祖書》。南威，南之威，春秋時晉國美女。見《戰國策‧魏策二》。斷，齊口截斷也。王念孫《廣雅疏證》：「斷者，說文斷截也。斷與剸聲近而義同，今人狀物之齊曰斬齊，是其義也。」卷四上，釋詁。上海：商務印書館，1939，P.442。

(34) 樞機，品格言行也。詳參本書附錄《書譜白話錯譯舉隅》第廿四條。

(35)惠侯之好偽，故事載虞龢《論書表》。見《歷代書法論文選》。上海：上海書畫出版社，1979，p.50。葉公之懼真，故事見劉向《新序》卷五雜事。上海：商務印書館，1939，p.89。

(36) 蔡邕不謬賞，「吳人有燒桐以爨者，邕聞火烈之聲，知其良木，因請而裁為琴，果有美音，而其尾猶焦，故時人名曰『焦尾琴』焉。」見范曄《後漢書》卷六十下蔡邕列傳。香港:中華書局，1971，p.2004。孫陽不妄顧，「夫驥之齒至矣，服鹽車而上太行。蹄申膝折，尾湛胕潰，漉汁灑地，白汗交流，中阪遷延，負轅不能上。伯樂遭之，下車攀而哭之，解紵衣以冪之。驥於是俛而噴，仰而鳴，聲達於天，若出金石聲者，何也？彼見伯樂之知己也。」見臧勵龢選註《戰國策》楚，汗明見春申君。 上海:商務印書館，1933，pp.158-159。

(37)「(王羲之)又嘗在蕺山見一老姥，持六角竹扇賣之。羲之書其扇，各為五字。姥初有慍色。因謂姥曰：『但言是王右軍書，以求百錢邪。』姥如其言，人競買之。他日，姥又持扇來，羲之笑而不答。」事載房玄齡《晉書》卷八十王羲之傳。北京:中華書局，1974，p.2100。

(38)「(王羲之)嘗詣門生家，見棐几滑淨，因書之，真草相半。後為其父誤刮去之，門生驚懊者累日。」見房玄齡《晉書》卷八十王羲之傳。 北京:中華書局，1974，p.2100。

(39) 見《莊子· 內篇·逍遙遊》。

(40) 見老子《道德經》四十一章。

(41) 見《莊子·外篇·秋水》。

附錄

潘國鍵撰《書譜白話錯譯舉隅》
潘國鍵臨孫過庭《書譜》

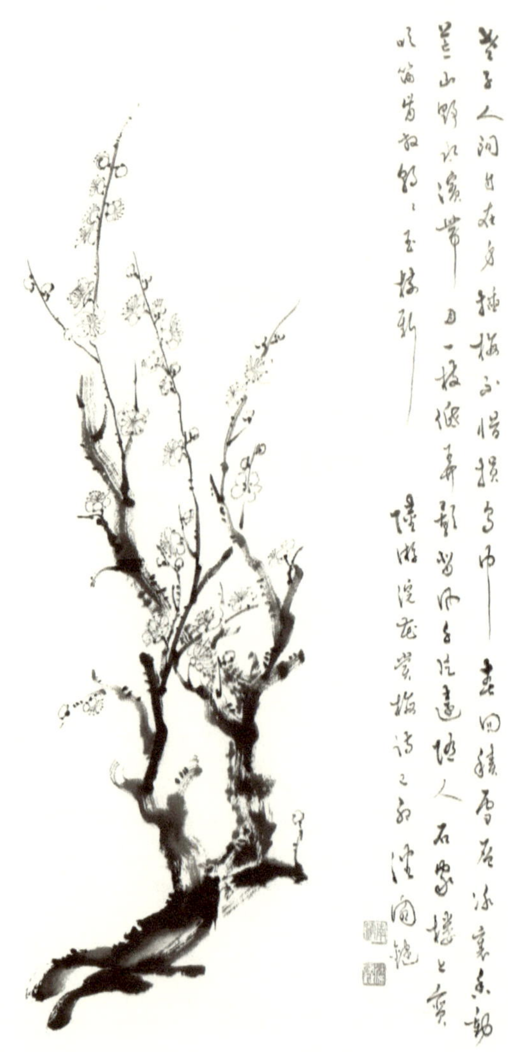

潘國鍵墨梅圖　水墨紙本
69x35cm　1999年己卯

潘國鍵撰《書譜白話錯譯舉隅》

（一）

　　孫過庭《書譜》，乃習書者所必讀。小兒君尚(KS Vincent POON) 課餘潛心臨習, 細研原文, 余則從旁指導。半年多而終譯成英文, 名曰《A Narrative on Calligraphy by Sun Guoting》(《英譯書譜》, Toronto: The SenSeis 尚尚齋, 2018。下簡稱《英譯》)。

　　坊間《書譜》白話譯本, 見有馬永強《書譜譯注》(河南:河南美術出版社,1993), 姚平《孫過庭書譜今註今譯》(臺北: 正中書局,1987)等等。而最流行者, 當推1965年刊行之馬國權《書譜譯注》(今據臺北明文書局1988年版, 下簡稱《馬譯》。又網上有2011年真友據其81年所購而抄錄的白話譯文手抄本,下簡稱《手抄本》)。

　　《馬譯》錯漏不少, 倒害得相信是根據白話文本翻譯而來的英文譯本, 例如Chang Ch'ung-ho (張充和) 及其夫婿Hans H. Frankel(傅漢思) 所譯之《Two Chinese Treatises on Calligraphy》 (New Haven & London: Yale University Press, 1995) , Pietro De Laurentis(畢羅) 所譯之《The Manual of Calligraphy by Sun Guoting of the Tang》(Napoli: Universita degli Studi di Napoli "L'Orientale", 2011), 錯漏百出。或錯解原意, 或語焉不詳; 又或漏而不譯, 輕輕帶過。 恰應了過庭那一句「聞疑稱疑」, 令人嘆息。小兒譯文已有詳錄。今粗舉馬國權誤譯之大者, 凡二十六條, 信亦有裨將來。

（二）

《書譜》「淳醨一遷, 質文三變」(《英譯》第10條): 《馬譯》作「往往由醇厚到浮薄, 由質樸到華采」(p.5), 未得其要。過庭指出的是 , 潮流不同 , 書風在文質之間會有著不同的變化 。要者文質兼備, 既沒貶低今妍 , 亦無抹殺書風可以反璞歸真 。而「三」者「數」也, 當非馬氏所謂夏商周之三代(《馬譯》p.6, 注4)。

較恰當的譯法是：
　　「當樸厚(淳)或浮薄(醨)的風尚一且移易，書法上之或
　　質或文，同亦因之有着很多的改變和變化。」

（三）

《書譜》「自稱勝父，不亦過乎」(《英譯》第24條): 《馬譯》作「
這不是太過份了嗎」(pp.10-11), 誤矣。過乃「過錯」，非「過份」
。檢《莊子》內篇「德充符」:「今子之所取大者，先生也，而猶出
言若是，不亦過乎！」，此過者，「乃真過也」(1)。

　　此句乃過庭對王獻之作道德批判, 揭示書法關乎人品修養的觀
點。與下文之「務修其本」、「燥濕殊節」、「近取諸身」，可謂
一脈相通; 亦是過庭認為獻之書法必不及羲之的其一主要原因。

　　故該譯為:
　　「這不亦是品德上的過錯麼?!」

(註1: 郭慶藩《莊子集釋》卷二下。北京: 中華書局, 1985,
　　　pp.197- 198, 並注三。)

（四）

《書譜》「且立身揚名，事資尊顯」(《英譯》第25條): 馬氏譯為「
況且(做兒子的)應該立身行道, 把名聲傳到後代, 使父母的名譽也隨
之顯著起來」(《馬譯》p.12), 硬抄儒學「大孝尊親」之論了事。看
似譯了, 實則未譯。

　　傳統的大孝尊親論, 乃以我之立身揚名為因, 我父母因而受他人尊
崇顯揚為果。過庭此句, 卻反以我之尊崇顯揚父母為因, 遂使我因而
立身揚名為果, 別有新論, 不可不察也。按漢世「察舉孝廉」制度下,
人們可藉孝順父母而揚名, 而得任官職。則過庭此說, 又非憑空也。

　　解譯此句, 關鍵在於「事資」一詞。考唐代杜佑《通典》卷十五
「選舉三」載云:
　　「事資訓誘, 不可因循。」(2)

又卷廿八「職官十」：
　　　「高祖以天下未定，事資武力。將舉關中之眾，以臨四
　　　方。」(3)
則事資者，乃「此事仗賴」也。

　　故宜譯作：
　　　「況且立身社會、揚名於世，這事須仗賴自己尊崇和顯
　　　揚自己的父母。」

　　此句上承「自稱勝父，不亦過乎」，下言「勝母之里，曾參不
入」，在文理上實一氣呵成也！勝父勝母？在過庭來說，此乃缺德之
甚，何能立身揚名呢？

(註2: 杜佑《通典》卷十五，選舉三，頁三下。光緒丙申年四月浙江
　　　書局刊。
　註3: 仝上。卷廿八職官十，頁四上。)

(五)

　　《書譜》「尚體行藏之趣」(《英譯》第59條)：《馬譯》欠譯「
行藏」(p.22)。行藏者，隨遇而安也。語見《論語》述而篇，子謂顏
淵曰：「用之則行，舍之則藏，唯我與爾有是夫！」朱熹注：「行藏
安於所遇。」(4)是也。

　　此句較好的譯法是：
　　　「尚可體會無論進用退隱都隨遇而安的樂趣。」

(註4: 朱熹《四書集注》，論語述而第七。香港: 太平書局，
　　　1968，p.42。)

(六)

　　《書譜》「伯英不真，而點畫狼藉；元常不草，使轉從橫」(《
英譯》第95條)：《馬譯》作「張芝不以楷書見長，但他寫的草書卻
於點畫處具見起伏頓挫，(就像寫楷書的著重點畫那樣)；鍾繇不擅長
草書，而他所寫的楷書，使轉却縱橫之致，(就仿佛草書的重視環迴委

婉一樣)」(p.35), 誤極。　蓋《書譜》卷首, 過庭已極讚張草鍾楷乃是絕倫, 何必於此再多讚一次? 此其一。《書譜》此處論的是「兼善」問題, 過庭借張鍾為例, 說明「專精一體」未必不能「兼善」。故結論為「不能兼善者，有所不逮，非專精也」(《英譯》第96條)。此其二。　鍾張皆兼善草楷, 唐世早有載及。張懷瓘《書斷》, 張芝草書列神品、楷書妙品, 鍾繇楷書列神品、草書妙品是也(5)。此其三。　若論行文, 則「伯英不真」說的既是張芝寫楷書,「點畫狼藉」指的當也是他的楷書了;「元常不草」講的既是鍾繇寫草書, 何道理忽又會「使轉從橫」評他的楷書呢? 故「點畫」乃指張楷,「使轉」乃指鍾草, 無待言也。此其四。綜此四端, 則世人認定張芝不寫楷書, 鍾繇不書草書, 遂硬把此「點畫狼藉」說成是描寫張芝草書,「使轉從橫」看成是描寫鍾繇楷書, 復進而解作楷法入草、草法入楷始謂之「專精」, 相當荒謬。

　　此兩句該譯為:
　　「伯英(張芝) 雖不專精楷書，但他楷書的點畫(上文所謂「真以點畫為形質」)，卻是奔放不拘; 元常(鍾繇)雖不專精草書，但他草書的使轉(上文所謂「(草以)使轉為形質」)，同亦奔放自如。」

　　相信當日草書是一種頗花時費神的藝術創作，而楷書則偏向於日常實用。故《宣和畫譜》之記張芝云:「每作楷字，則曰: 匆匆, 不暇草書。」(每寫楷字，便說:「匆匆忙忙，沒閑暇寫草書。」) (6) 是證當日書家, 又怎會僅書一種書體呢?

(註5:《歷代書法論文選》。上海: 上海書畫出版社, 1979,
　　　pp.171-173。
註6:《宣和書譜》卷十三, 漢, 張芝。上海: 上海書畫出版社,
　　　1984, p.101; 並見《晉書》卷三十六衛瓘傳。北京:中
　　　華書局，1974，p.1065。)

(七)

　　《書譜》「驗燥濕之殊節, 千古依然」(《英譯》第102條): 《馬譯》作「好像燥濕的節氣不同, 但從古以來都可以推測」(p.38),《手抄本》又作「檢驗用筆濃淡輕重的變化, 自古以來標準都是一樣

的」，俱誤。蓋前文「五乖五合」，已論天氣之「時和氣潤」、「風燥日炎」(《英譯》第108及110條)，何須於此再以氣候「節氣」來添足？又，此句前數句先言運筆之「風神」「妍潤」「枯勁」「閑雅」，然後論書家之「情性」「哀樂」，怎會在此又回頭再談筆法之「濃淡」？故兩譯均不足取也。

　　檢《後漢書》卷五十三申屠蟠傳云：

　　　　「不為燥濕輕重，不為窮達易節。」

李賢注「燥濕」曰：

　　　　「《律歷志》，銅為物至精，不為燥濕寒暑變其節，不

　　　　　為風雨曝露改其形，介然有常，似於士君子之行。」(7)

則《書譜》此「燥濕」指的顯是逆境順境；「殊節」意乃特殊高尚的節操。按《晉書》卷五十八周訪傳載：

　　　　「伏願聖朝追其志心，表其殊節。」(8)

是也。

　　是證過庭於論情性哀樂之餘，一轉而提出的乃是書家的品格，直與上文「然君子立身，務修其本」相呼應矣。此句正亦過庭書法人品論精髓之所在也。

　　故確當之譯法，當為：

　　　　「證驗了世態炎涼之下，仍可堅守高尚節操，千古不

　　　　　變。」

　　人世千古依然者，唯不朽之氣節耳。

(註7：《後漢書》卷五十三申屠蟠傳。香港：中華書局，1971，p.1751。
　註8：《晉書》卷五十八周訪傳。北京：中華書局，1974，p.1585。)

(八)

　　《書譜》「時亦罕窺」(《英譯》第132條)：《馬譯》作「而能觀覽的還是不多的」(p.43)，《手抄本》又作「這機緣還是不多的」，皆似通非通。《書譜》此句實不易解。偶翻《康熙字典》引《博雅》謂「時」者「善也」，始知「時」可解為「善」。是則此句解讀為「好的亦甚罕見」，上下文意遂暢通矣。

(九)

《書譜》「先後著名，多從散落。歷代孤紹，非其効歟？」(《英譯》第167條)：《馬譯》作：「在羲之以前和以後的名家書迹，大都散落了；獨繼承羲之書派的卻歷代不絕，這難道不是很明顯的效果嗎？」(p55)錯錯錯！

此段過庭集中討論的是羲之書迹的摹搨情況，忽然加插其他「名家書迹」幹啥？且唐時六朝真迹散落者，又豈止羲之前後名家？羲之諸帖真迹原本，同亦亡佚殆盡。若言摹搨本，則祇要讀一讀《淳化閣帖》，羲之前後眾書家遺世作品，同樣燦然可觀。《馬譯》之謬，何待言哉！

既屬評論羲之書迹摹搨，則「先後」當指摹搨本之「優次」也。檢《抱朴子》內篇「明本」：

> 「或問儒道之先後。抱朴子答曰：道者，儒之本也；儒者，道之末也。…而班固以史遷先黃老而後六經，謂遷為謬。」(9)

是也。斯亦上文所謂「無俟抑揚，自標先後」(《英譯》第134條)者焉。「著名」亦當為「流傳的著名摹搨本」，殊非書家。而繼之「歷代孤紹，非其効歟」一句，說的也是羲之書法得以廣為承傳，實乃「摹搨日廣」之功效也。

故此，「致使摹搨日廣，研習歲滋。先後著名，多從散落。歷代孤紹，非其効歟」之較正確譯法是：

> 「羲之法帖，因而摹搨日漸廣泛，研習者年年增加。諸帖著名摹搨本，或好或次，大多依據已散失之羲之原作摹印而來。羲之書法歷代特別得以承傳，不就是廣泛摹搨的功效麼？」

(註9：葛洪《抱朴子》卷十內篇「明本」。上海：商務印書館，1936, p.169。)

（十）

《書譜》「試言其由」（《英譯》第168條）：《馬譯》作「試談談它的道理」(p.56)。馬氏既錯譯上三句，此句沒理由會譯得對。問題在於這個「由」字。過庭於粗述羲之書迹摹搨情況後，隨即據創作年代先後，臚列羲之諸著名法帖，依次為《樂毅論》、《黃庭經》、《東方朔畫讚》、《太師箴》、《蘭亭集序》、《告誓文》是也。故此處「由」字非解「道理」，當解「歷程」（《康熙字典》，「由」，「經也」）。譯此句為「試談羲之創作歷程」，方是恰當。

（十一）

《書譜》「《太師箴》又縱橫爭折」（《英譯》第171條）：《馬譯》為「太師箴則感念縱橫周折的世情」(p.59)，亦誤。夫爭折也者，爭取功名「折桂」也。盧綸《早春游樊川野居卻寄李端校書兼呈崔峒補闕司空曙主簿耿湋拾遺》詩云：

「桂樹曾爭折，龍門幾共登。」

時羲之仍想於功業有所作為，遂書《太師箴》以為諫耳。爭折乃指功名，非所謂「世情」，殆無疑也。故當譯作：

「《太師箴》又縱橫奔放，望在功名上爭取折桂
（第一）。」

羲之暮年最後書《告誓文》，則徹底看破世情矣！

（十二）

《書譜》「莫不強名為體，共習分區」（《英譯》第177條）：《馬譯》以「體」為「書體」(p.59)，全句即失其義。若是「書體」，何來「強名」，兼又「分區」（分類）？此非指篆隸草楷之書體，不辯而知。檢《舊唐書》卷八十褚遂良傳，魏徵稱褚遂良書法：

「下筆遒勁，甚得王逸少體。」(10)

是知此「體」實指個別書家之「字體」矣。

當日過庭最反對的，是把某些書家的書法看成是一種拿來摹習的標準「字體」，例如王羲之的書法叫「王體」，等等。這正亦唐人習書的毛病。過庭此語，正切中時弊也。

　　故「體」當譯「字體」，又或「標準字型」。這也是下文「安有體哉」的那個「體」。

　　此句較好的譯法是：
　　　「無不牽強地稱個什麼『字體』，大家一起分類來學習。」

(註10: 劉昫，《舊唐書》卷八十褚遂良傳。臺灣: 臺灣中華書局，1971, 冊六 p. 1。)

(十三)

　　《書譜》「豈知情動形言，取會風騷之意；陽舒陰慘，本乎天地之心。既失其情，理乖其實。原夫所致，安有體哉?!」(《英譯》第178條): 《馬譯》譯「既失其情」之「情」作「書家真實的情狀」，「安有體哉」則作「那裏有什麼所謂『體裁』呢」(p.60), 語意不明。

　　此數句當譯為：
　　　「哪知情感一動, 發為言辭, 自然便取集《國風》《離
　　　騷》的情意; 見晴而舒暢, 遇陰而愁鬱, 全亦來自天地自
　　　然的本性。[故此,若把貴乎自然的書法勉強稱個標準字
　　　體,] 既失書道自然之情, 道理上亦違天性自然之實。推
　　　究書道本源, 所得的是, 哪有什麼標準字體的啊?! 」

(十四)

　　《書譜》「縱未窮於眾術, 斷可極於所詣矣」(《英譯》第190條): 馬氏譯「斷可極於所詣」為「斷然可以達到最高的成就了」(《馬譯》p.63), 誤。按「所詣」乃「所在」之意, 非「成就」也。《太平御覽》卷七三三方術部十四「占星」:
　　　「又曰姚興死之前歲, 太史奏熒惑在瓠瓜星中, 一夜忽
　　　然亡失, 不知 所在。或謂下入危亡之國, 將為童謠訛
　　　言之, 妖而後行其災禍。太宗聞之大驚, 乃召碩儒十數
　　　人, 令與史官求其所詣。」(11)
所詣即所在矣。況過庭不過「粗舉綱要」, 初習者何能據之「斷

然」必有「高的成就」呢？此當非過庭之本意也。

　　此句該譯為：
　　　　「縱使未曾究盡各種技法，亦必可最終達至[書道之]所
　　　　在了。」

(註11：《太平御覽》卷七百三十三，方術部十四「占星」，頁
　　　　三上。嘉慶十二年歙鮑氏校宋版。)

(十五)

　　《書譜》「勉之不已，抑有三時，時然一變，極其分矣」(《英
譯》第194條)：《馬譯》「極其分矣」作「最後達到功行完滿」
(p.65)，甚為牽強。「分」乃「天分」，非「功行」。

　　較妥當的譯法是：
　　　　「不停的努力學習書法，其中或有三個階段，每階段
　　　　總會帶來一些很大的變化，那可要盡自己的天分了。」

(十六)

　　《書譜》「莫不鼓努為力，標置成體」(《英譯》第206條)：《馬
譯》作「沒有不是力本不足而強努為力，體非自然而擺佈成體的」
(p.67)。真個莫名其妙！

　　問題在於「努」和「體」這兩個字。此句之「努」，指的當是永
字八法的「努」(直)，初學者往往以之練「筆力」。而「體」當為字
體(例如王羲之的書法，時人稱之「王體」)。

　　較正確的譯法是：
　　　　「無不奮力寫那『豎直』以為筆力，標榜自己學成了某
　　　　一家的字體。」
此乃唐人之弊。故過庭下句遂有「豈獨工用不侔，亦乃神情懸隔」
之歎。

(十七)

《書譜》「豈獨工用不侔」(《英譯》第207條):《馬譯》作「不僅是工用比不上前人」(p.67)。何謂「工用」？馬氏欠譯。

若據前句,則此「工用」當乃「力氣」。白居易《晚燕》：
　　「不悟時節晚,徒施工用多。」
是也。而「侔」者,乃「相配」之意。檢《莊子》內篇「大宗師」云：
　　「畸人者,畸於人而侔於天。」
疏曰:「侔者,等也,同也。」(12) 即此。

是以正確的譯法當為:
　　「何止所費力氣[與效果]不相配。」

(註12: 郭慶藩《莊子集釋》卷三上。北京: 中華書局, 1985,
　　　p.273, 並疏一。)

(十八)

《書譜》「窺井之談,已聞其醜」(《英譯》第219條): 《馬譯》作「而坐井觀天的說法, 已經覺得它的鄙陋了」(p.71),《手抄本》則作「那坐井觀天的態度, 的確是鄙陋的啊」。馬氏在毫無佐證下把「窺井」譯為「坐井觀天」, 何其輕率也! 窺井乃係低頭, 觀天却是仰首。一俯一仰, 一讀而知其大謬。而所見各白話譯本及英文譯本, 竟無一不是「坐井觀天」。如此以訛傳訛, 尤令人驚詫也!

考「窺井」一詞, 早見漢代劉安《淮南鴻烈》(即《淮南子》)。其「主術訓」云:
　　「夫據榦而窺井底, 雖達視猶不能見其睛。」(13)
亦即扶着井旁圍欄俯望井底, 又怎能看得見自己的眼珠呢? 過庭此語, 諷的是時人在書法上誇誇其談, 說的却盡多是淺陋而失精要的廢話。

是以此句自當譯為:
　　「那些有如低頭望井水[永不能照見自己眼珠]的矇昧言
　　　談, 定必一聽而知其醜陋。」

(註13: 劉文典《淮南鴻烈集解》，卷九, 主術訓。上海:商務
　　　印書館, 1933, pp.20-21。)

(十九)

《書譜》「縱欲擖突羲、獻，誣罔鍾、張, 安能掩當年之目，杜
將來之口？」(《英譯》第220條): 《馬譯》作「縱使心想勝過羲之
獻之, 誣蔑鍾繇張芝。 那裏能夠遮得住當年人們的眼睛, 堵塞得住將
來人們的評議」(p.71), 於理殊覺不合。蓋張鍾羲獻, 書家四賢, 人所
敬仰, 奉以為宗, 怎會「貶低」「誣蔑」他們呢? 實在匪夷所思也。

正確的譯法該為:
　　　「這些人縱使愛好擖突地[自稱所習]盡依羲之獻之 ， 又
　　　或誣罔地[自謂所摹]確乃鍾繇張芝 ， 卻如何能夠掩蓋當
　　　時人們[雪亮]的眼睛 ， 杜絕將來人們[負面]的批評呢？」

(廿)

《書譜》「至有未悟淹留，偏追劎疾；不能迅速，翻效遲重」
(《英譯》第222條): 諸譯本皆錯以「偏追劎疾」之「劎」字為「
勁」。馬氏亦不例外, 遂誤譯此語為「便一味追求勁快」(《馬譯》
p.72)。若細讀原帖, 此草書字右偏旁明顯為「刃」而絕非「力」。
部首既為「刀」, 何來是「勁」耶?!

確當的譯法是:
　　　「至於有些人未曾領悟『淹留』 ， 祇片面地處處追求舞
　　　劍似的快疾；又或不能快速 ， 反過來卻祇懂一味效法
　　　『遲重』。」

(廿一)

《書譜》「夫勁速者超逸之機，遲留者賞會之致」(《英譯》第
223條): 《馬譯》作「行筆勁速的是憑乎超邁的天機, 遲留的是具有
賞心會意的情致」(p.72), 真不知何所云焉。

較佳的譯法是：
「勁速是書法超逸的由來, 遲留則帶來心賞神會的情
趣。」

(廿二)

《書譜》「將反其速」(《英譯》第224條)：《馬譯》作「能快而
遲」(p.72), 殊欠精確。蓋過庭主張, 一筆於快時要稍留一分慢, 慢時
要稍留一分快, 切莫同一速度, 至要多所變化。故此句所論, 不僅疾
快而言, 遲慢亦該如此。是知「將反其速」之「速」, 理當解作包括
快慢之「速度」, 固非馬氏所譯「快速」也。

較精確的譯法是：
「應當倒轉行筆的速度。」
如是過庭下句始有「能速不速 , 所謂淹留；因遲就遲 , 詎名賞會」(
《英譯》第226條) 之論。斯亦稍後所言「留不常遲, 遣不恆疾」(《
英譯》第253條) 之所本也。

是以若譯「能速不速 , 所謂淹留；因遲就遲 , 詎名賞會」為白
話, 當乃：
「[一筆之中 ,]在能夠快疾的地方卻保留少部份慢 , 這
就是所說的「淹留」；[一畫之內 ,]因為遲慢而一味遷
就遲慢 , 那又怎能成為令人心賞神會的[書法]呢 ？」

(廿三)

《書譜》「何必刻鶴圖龍, 竟慙眞體」(《英譯》第261條)：《馬
譯》作「為什麼要畫鶴描龍, 到頭來仍然遜色於原作」(p.82), 以「
眞體」為鶴龍之「原作」, 誤矣。「慙」於此當非「遜色」之義。
且「畫鶴描龍」「原作」皆是死物, 習書者對之又何慙之有？是知「
眞體」指的該是書者之真實本性, 非什麼鶴龍原作, 無待言矣。

此句之譯, 自當為：
「何必[死板地]雕鶴繪龍, 終有愧於[自己的]真實本性。」

(廿四)

　　《書譜》「語過其分，實累樞機」(《英譯》第263條)：《馬譯》作「如果話說得過份了，實踐起來很不容易。這對於發言的樞要是有虧損的」(p.84)，語意艱澀，所言亦誤。

　　蓋前句既言「南威之容」、「龍泉之利」，則此「分」當指「本分」而非「過份」也。至若「樞機」一詞，考王弼注、孔穎達疏《周易注疏》卷七「繫辭上」云：
　　　　「言行，君子之樞機。樞機之發，榮辱之主也。」
注曰：
　　　　「樞機，制動之主。」
又疏曰：
　　　　「樞謂戶樞(門的轉軸)，機謂弩牙(弩機鉤弦的部件，控制
　　　　發射)。…猶言行之動，從身而發，以及於物，或是或非
　　　　也。」(14)
此證「樞機」實即「言行」也。如是《三國志》始有「樞機不慎」
(15)、「樞機敏捷」(16)之語焉。

　　故此句理當譯作：
　　　　「說話超出自己的本分，實在有損[關乎個人品格榮辱的]
　　　　言行。」

(註14：並見王弼 注、 孔穎達疏《周易注疏》，卷七「繫辭
　　　　上」，頁十下。上海：中華書局據阮刻本校刊，1936。
　註15：《三國志》，蜀志卷十二來敏傳，頁六上。臺北：中華
　　　　書局，1968。
　註16：仝上。吳志卷八薛綜傳，頁六下。)

(廿五)

　　《書譜》「余乃假之以緗縹」(《英譯》第267條)：《馬譯》作「於是我便把寫好的字用綾絹裝潢起來」(p.86)，真是望文而生義。且不說「假」可解作「美」(貴重)，就「緗縹」而竟想及「裝潢」，亦甚奇怪。按「緗縹」一詞，乃指淺黃或淺青色之一般單色絲帛，古時用以製作書套，包括書囊、書匣，故亦泛指書卷。此與字畫裝裱何涉

哉?

　　較好的譯法是:
　　　「於是我把它放在絲帛做的書匣(書囊)裏面, 好看似十分
　　　貴重。」

(廿六)

　　《書譜》「良樂未可尚也」(《英譯》第274條): 《馬譯》作「而
伯樂也不必為人所稱述了」(p.88), 並不完全正確。蓋良樂乃王良伯
樂二人之合稱, 非伯樂一人也。生活於春秋時代之王良伯樂, 二人皆
以知馬而見聞於世。王良善於御馬(駕御馬車), 伯樂則善於相馬。

　　良樂並稱, 至少漢世已經流行。《漢書》卷一百上「敘傳上」載
班固之辭曰:
　　　「良樂軼能於相馭, 烏獲抗力於千鈞。」(17)
顏師古注:
　　　「良, 王良也。樂, 伯樂也。」(18)
西晉人陳壽《三國志》 魏志卷十六 杜畿傳復因之曰:
　　　「譬猶烏獲之舉千鈞, 良樂之選驥足也。」(19)
迄唐亦然。 賈島《寄令狐綯相公》詩云:
　　　「良樂知騏驥, 張雷驗鏌鋣。」
乃其證矣。
　　故此句較確當的譯法是:
　　　「[而善於御馬的]王良和[善於相馬的]伯樂, 那就不會如
　　　此受人尊崇了。」

(註17: 《漢書》卷一百上「敘傳上」。香港: 中華書局,
　　　　 1970, p.4231。
　註18:　仝上。p.4233。
　註19:　《三國志》魏志卷十六 杜畿傳, 頁九上。臺北: 中華
　　　　 書局, 1968。)

(廿七)

《書譜》「第其工用，名曰書譜」(《英譯》第287條)：《馬譯》作「依次列舉它的工用，叫做書譜」(p.94)，並不精確。若據上文下理，竊意認為：此處「第」乃動詞，該解作品評、評論；「其」乃代詞，指的是過庭所撰之書；「工用」即功用。簡而譯之，則為「論其功用，稱為書譜」。

若是白話，則係：
　　「從它的功用來說，叫做書譜。」

此句實甚重要。蓋過庭於此交代此書所以名為「書譜」的原因。亦即此書純為方便習書者用作標準參考而撰。「譜」者，資料彙編以供參考之冊也。故「書譜」者，書道之參考書也。

(廿八)

《書譜》確「文約理贍」。白話不易，英文尤難。要者多查典籍，旁窺古人用語，再實之以上文下理，相信所譯雖不中亦不遠。今尚兒英譯畢功，尚幸並無難懂之處。世言書譜謎團多，其咎當不在過庭也。

年老眼盲，所見甚淺。白話拙譯，必非一無乖漏。但祈四方知音，恕我不逮。

二零一八年三月眇人潘國鍵稿於多倫多如心齋。春雪初融，乍寒乍暖。

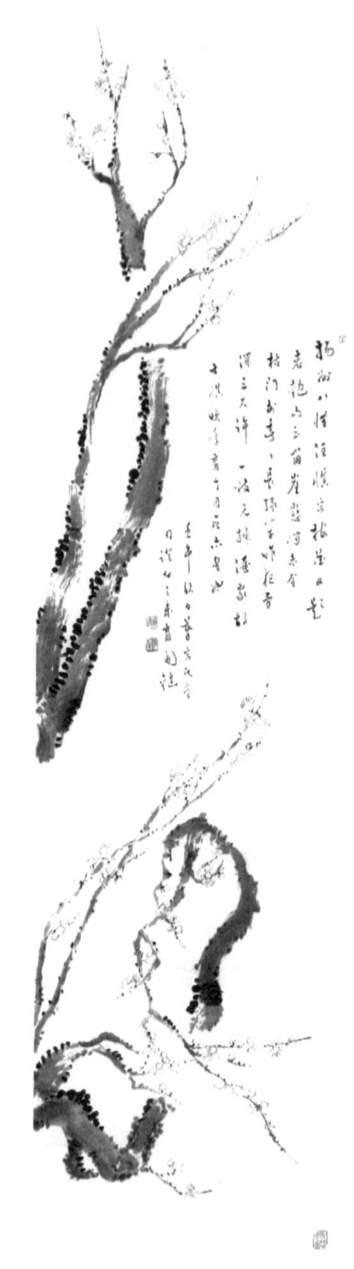

潘國鍵擬汪慎梅花圖　水墨紙本
135x34cm　2002年壬午

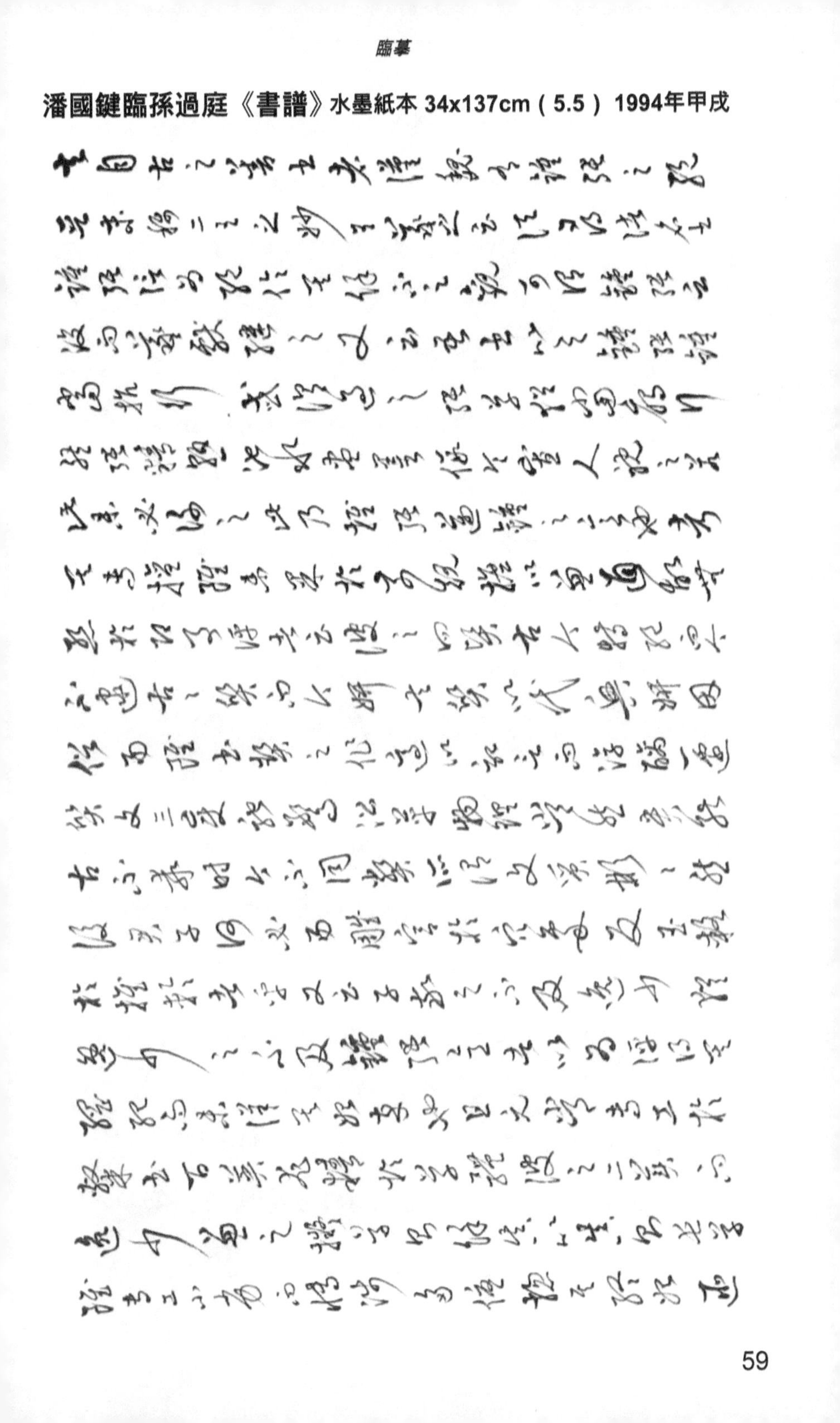

潘國鍵臨孫過庭《書譜》水墨紙本 34x137cm（5.5） 1994年甲戌

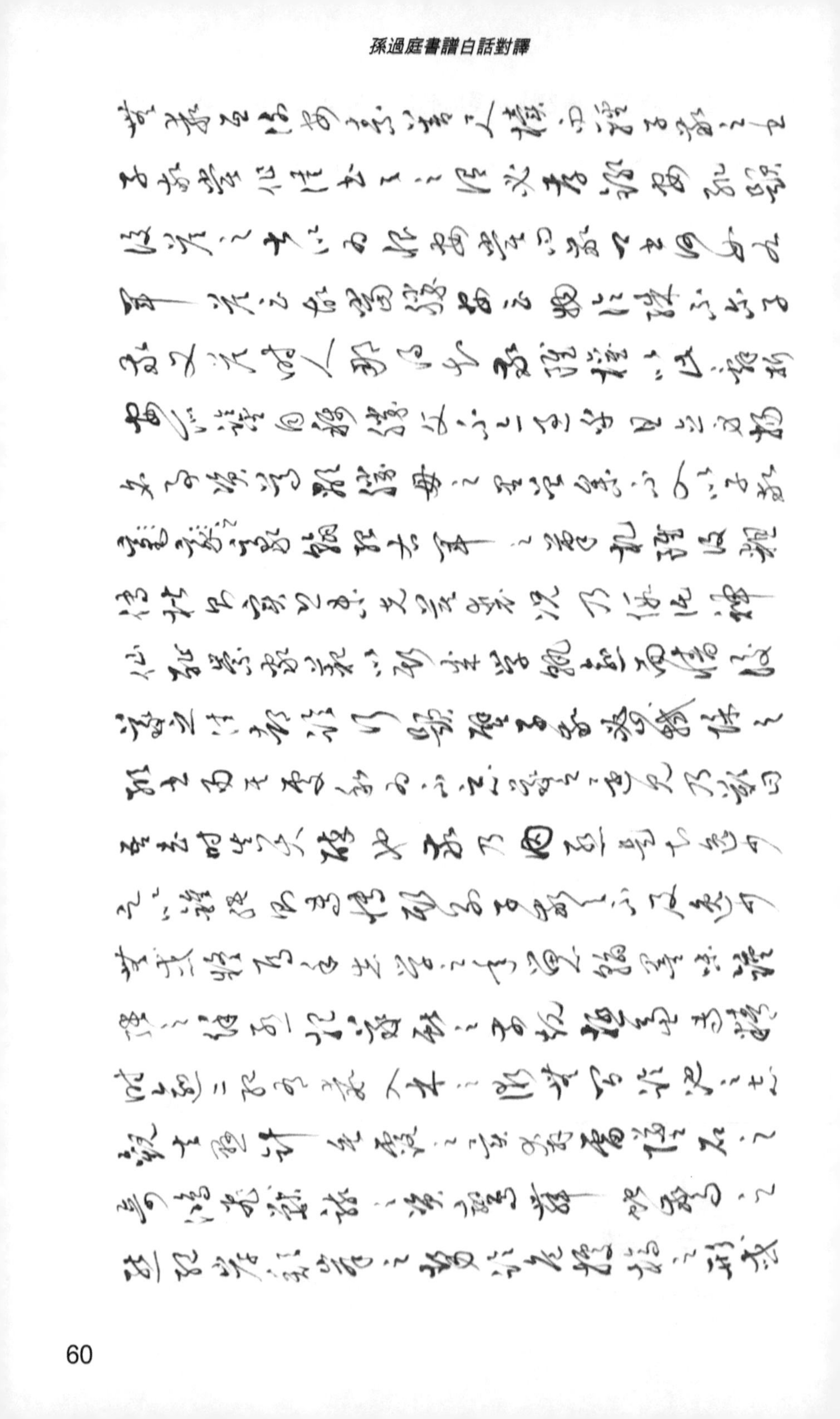

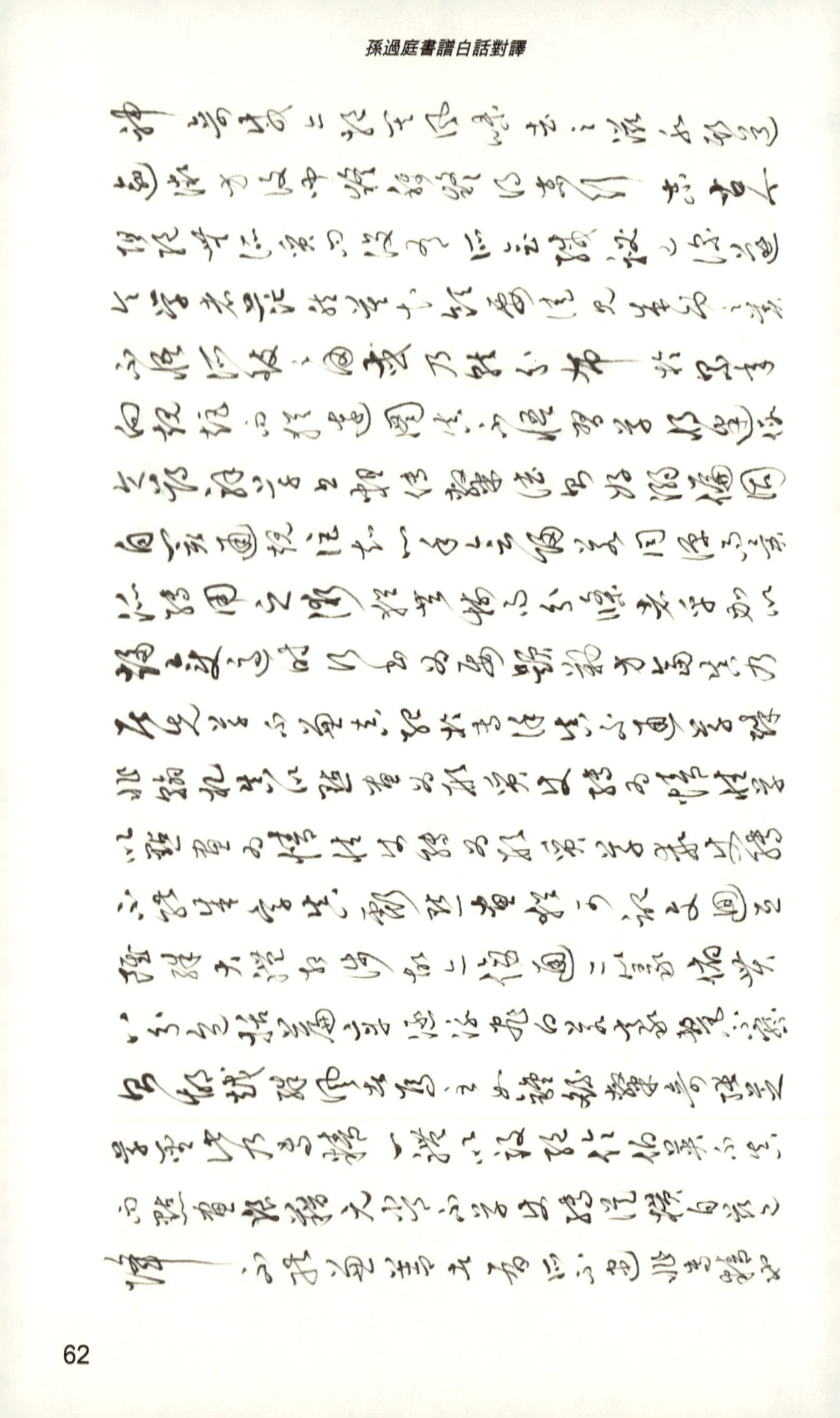

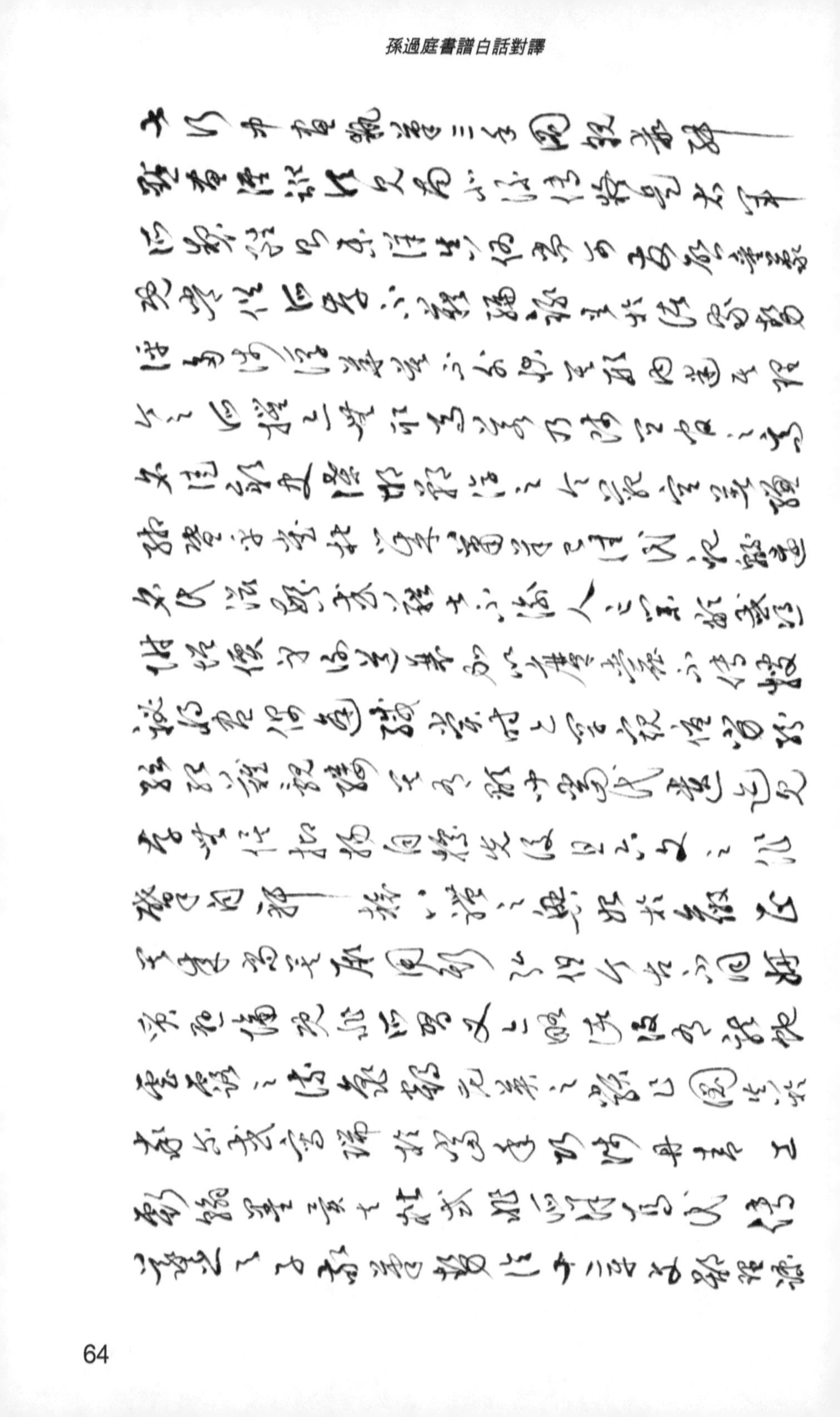

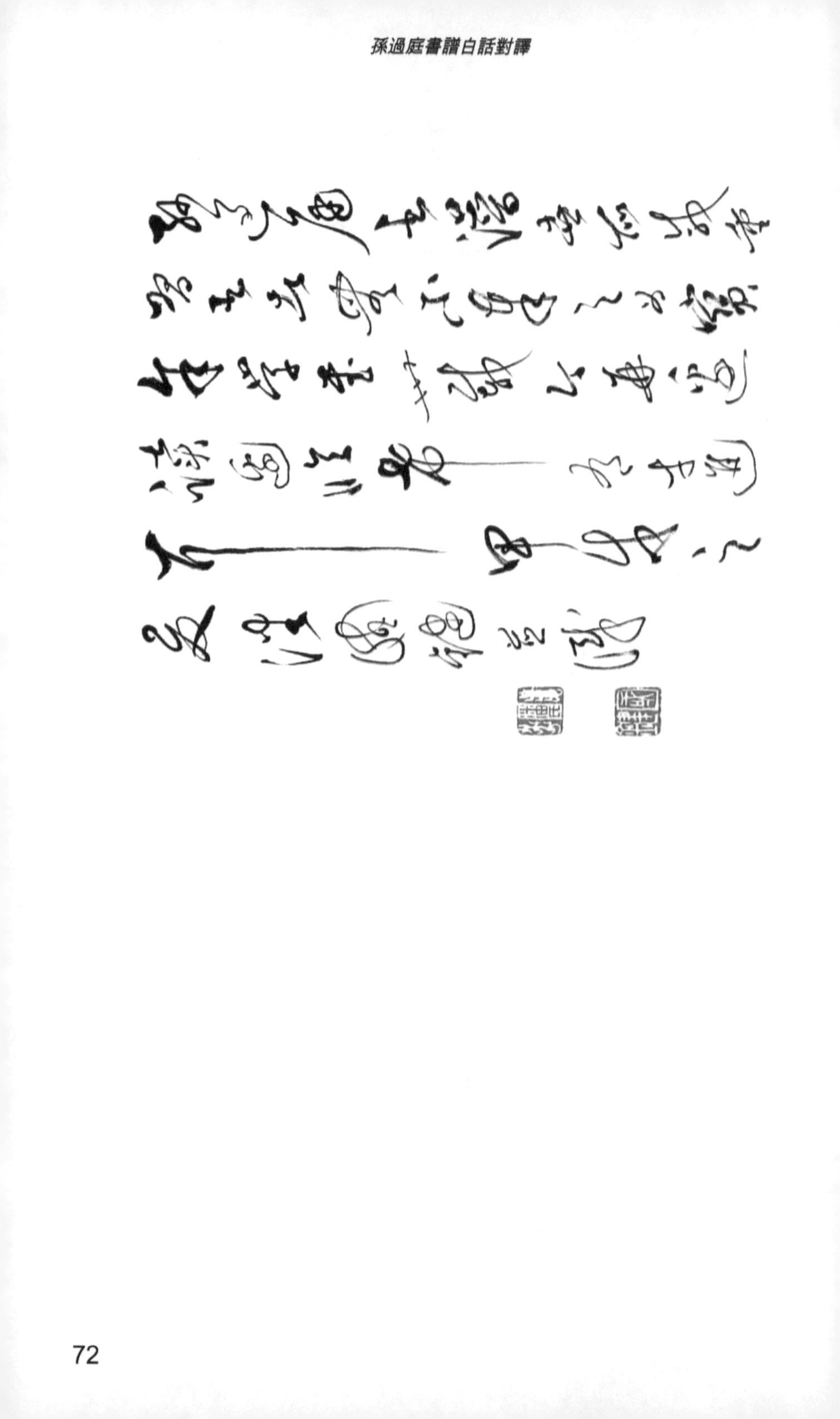

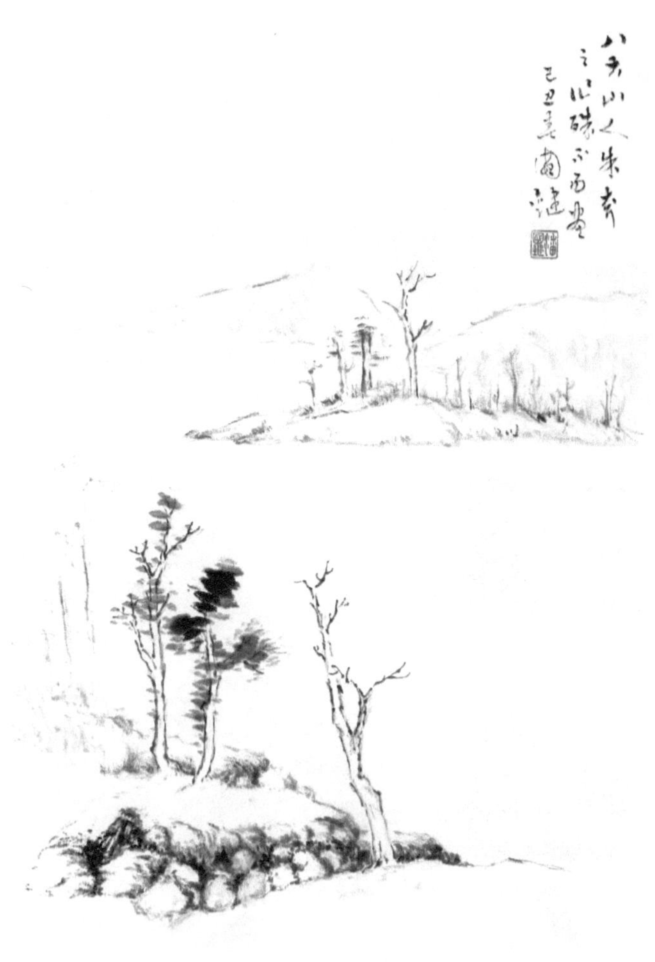

潘國鍵倣八大山人山水圖　水墨紙本
53x35cm　2009年己丑